쑥섬 이야기
그 섬에 가면 꽃이 있네

seein 시인들선 0061

쑥섬 이야기
그 섬에 가면 꽃이 있네

명재신 제4시집

문화발전소

시인의 말

내가 태어난 곳이지만 언제나 지나쳐 가던 섬이었습니다.
그래도 고향 떠난 지 40여년을 늘 함께 하고 있었습니다.
떠나갔던 모든 쑥섬 사람들 또한 마찬가지일 줄 압니다.

그동안 객지를 떠돌면서 고향 섬을 그리워하면서 쓴 시들을 모아
한 권의 시집으로 엮었습니다.
이는 쑥섬에서 나고 자란 모든 이들의 마음속에 남아 있는,
쑥섬에 대한 여전한 애정과 간직하고 있는 소중한 추억들을
제가 대신 쓴 쑥섬 이야기입니다.
또한 살아생전 목숨같이 쑥섬을 사랑하였던 아버님과 어머님
그리고 모든 쑥섬 사람들의 이야기입니다.

또한 지금의 '쑥섬쑥섬'이 있게 되기까지 헌신하신 쑥섬지기,
여러 쑥섬 주민들과 고흥군 유관 기관 여러분의
각고의 노고에 감사하고 고마움을 전하는 마음을 담았습니다.
이제부터는 모두가 마음에만 담아 두었던 고향 쑥섬을
즐거운 마음으로 찾을 수가 있을 것 같습니다.

활력이 넘치는 섬, 함박웃음으로 방문객을 맞이하는 섬,
그리고 늘 쑥내음과 꽃향기로 가득한 쑥섬이
세상 모든 이들의 지친 마음을 치유해 주는
섬이 되어서, 따뜻한 마음으로
내 고향 쑥섬을 이야기할 수 있게 되었기 때문입니다.
앞으로 더 많은 꽃으로 세상 사람들의 사랑을 받는
만인의 꽃섬이 되는 데
이 시집 한 권이 작은 보탬이 되기를 소망합니다.

이 시집이 나올 수 있게 되기까지
따뜻한 마음으로 함께 해 준 사랑하는 아내와
라연, 소연, 가연 세 딸들에게, 그리고 세 누님과 동생에게
감사의 인사를 올립니다.

2021년 늦가을
사우디아라비아 알코바에서
명재신

목차

시인의 말 ——— 4

제1부 / 쑥섬 이야기

쑥섬쑥섬 ——— 12
쌍우물 ——— 13
동백꽃길 ——— 14
성화등대 ——— 15
쑥섬 이야기 ——— 16
갯패랭이 ——— 17
오메오메 ——— 18
작은섬 길 ——— 19
쑥섬 고양이 1 ——— 20
쑥섬 고양이 2 ——— 21
쑥섬 고양이 3 ——— 22
우끄터리길 ——— 23
몬당길 ——— 24
그 섬에 가니 꽃이 있네 ——— 25
환희의 언덕 ——— 26
삼도 가는 길 ——— 27
첫 사랑 돌담길 ——— 28
동박새 ——— 29
동백꽃길 돌탑 ——— 30
중빠진 굴 ——— 31

바람 꽃대 ──── 32
겨울 쑥섬 ──── 34
머언 섬 남쪽 바다 ──── 35
겨울 동백 ──── 36
뒷먼밭 소나무 ──── 37
목넘에 해넘이 ──── 38
그대를 위하여 ──── 39
아침바다 ──── 40
육박나무 ──── 41

제2부 / 섬 전설

섬 전설 ──── 44
돌담 ──── 45
머무는 땅 쉬는 곳 ──── 46
파계 ──── 48
후박나무 ──── 49
바다꽃 ──── 50
팽널이 자갈밭 ──── 52
흰 상사화 ──── 54
서양화가 해암 ──── 56
해암을 위하여 ──── 57
초분골 ──── 58
쑥섬 가는 길 ──── 59

꿀에 대하여 —— 60
배밑에 —— 61
만선 풍어제 —— 62
당굿 —— 63
샘 굿 —— 64
영등사리 —— 65
독단불 —— 66
조선기왓집 —— 67
동각 청마루 —— 68
도깨비불 —— 69
그리워라 모래톱 —— 70
돈섬 —— 72

제3부 / 보리마당

도둑놈 순사 —— 74
챙고 챙고야 —— 75
화전놀이 —— 76
풍선 —— 77
똑딱 전어배 —— 78
보리마당 —— 80
배띄우기 놀이 —— 81
쥐불놀이 —— 82
강강수월래 —— 83

동산에 뜨는 달 ——— 84
갑오징어 ——— 85
덕석말이 ——— 86
삼경제 ——— 87
만년 청년 권호 씨 ——— 88
추렴 ——— 90
동네 대밭 왕대나무 ——— 91
동각샘 은행나무 ——— 92
잣밤나무 ——— 93
산포놀이 ——— 94
사바리 사바리 ——— 95
어봉호 ——— 96

제4부 / 아버지의 섬

태를 묻다 ——— 98
내가 날려보낸 연은 ——— 99
뒤란 감나무 ——— 100
비 맞은 수국 ——— 101
새우살이 ——— 102
무명 꽃 ——— 103
낙타 일곱 마리 ——— 104
접시꽃 ——— 105
목단 ——— 106

망가프 일출 ――― 107
잎새주 ――― 108
일출을 향해 부르면 ――― 109
오월 장꿰 ――― 110
뒷먼밭 할머니 ――― 111
오메 징한 거 ――― 112
한식파도 ――― 113
사물놀이 ――― 114
보해소주 ――― 116
시누대 꽃 ――― 117
아버지의 섬 ――― 118
서울의 바다 ――― 119
하오면 어쩌 하오리까 ――― 120
삼동의 섬 ――― 121

평설
생각과 기억을 넘어 뿌리를 찾아가는
여로에서 시의 힘을 보았네 명재신 시인의 네 번째 시집
『쏙섬 이야기』에 대해서 ―이충재(시인, 문학평론가) ――― 125

제1부 / 쑥섬 이야기

쑥섬쑥섬

옛날하고 지금이 하나가 되어
쑥섬쑥섬입니다

칡넝쿨 뒤덮여 원시로 가던 섬
주인 떠나고 빈 집 늘어 가던 섬
무슨 영화를 볼 거라고
십여 년을 시나브로 드나들더니

나고 자란 터박이도 잊고 지나던 길
몬당길 비렁길 열어서는

하늘정원 · 별정원 · 환희의 언덕
성화등대 · 우끄터리길 · 쌍우물 · 동백꽃길 · 사랑의 돌담길

이제야 빛나요 일출처럼 석양같이
그대들 이룬 꿈
쑥대밭이 쑥섬쑥섬이 되었네요

고마워요
쑥섬지기 김상현 선생님, 고채훈 약사님
그대들이 가꾼 꿈의 길에

꽃이 만발입니다.
꿈이 만선입니다.

쌍우물

씻고 가셔요 다아

손을 씻으셔요
발도 씻으셔요
얼굴도 시원하게 씻으셔요

이 세상 하 많은 먼지들
저 건너 시름 많은 거 모두
씻어서 흘려보내고
가셔요

다시 화안한 얼굴로 바깥세상으로
나서셔요

동백꽃길이 기다립니다

맑은 정신으로 다시 남은 길
잘 건너 가셔요

동백꽃길

늘 꽃길만 걸으셨던가요?

간난 했던 여정 돌아보니 어떻던가요
신난했던 시간들 어떻던가요
오고가고 피고지고 언제라고 꽃길만 걸었을라고요
가시밭길 지나면 돌담길, 돌담길 지나면 보리마당
사람 사는 길로 나아가면 빈 집들 수두룩해요

지금 여기에서 쉬었다가요 이 시간을 꽃 피워요
노래 불러요 사랑하는 그댈 위해
고맙다고 말해요 여기 함께 한 그대에게
함께 온 길 감사하다고 남은 길 같이 가자고
손 내밀어 줘요 손잡아 줘요

지금이 꽃길이에요
붉은 사랑 겨우내 함께 했던 동백꽃길이에요

늘 꽃길만 걸으세요

성화등대

바로 오너라 그대여
오는 길 바로 와야 가는 길 바로 간다
목포에서 오는 길이더냐 여수에서 오는 길이더냐
아직 갈 길이 멀다

졸지 마라 졸지 마 지척이 중빠진굴*이요
더 가면 천길 절벽 오리똥눈디, 오지안, 배밑*이다

사는 일, 사람 일 밑도 끝도 없이 막막한 길일지라도
망망대해 성난 파도 어둠 속 길일지라도
울지 마라 울지 마 길동무는 늘 있게 마련
멀리 가는 길 남은 길 마저 가야 하노니

여기 한 점 성화등대 그댈 위해 밤마다 꽃 피우니
모든 성화 여기 두고 세찬 조류 휘돌아 가는 도런바구*로
모두 다 떠나보내라

가벼웁게 그대 가는 길 그대로 자알 가시길
저기 저 일출 따라 저기 저 수락도 너머 석양을 따라

*중빠진굴, 오리똥눈디, 오지안,
*배밑·*도런바구 : 성화등대 주변 벼랑 아래 바위 이름

쑥섬 이야기

고흥 쑥섬은
질 좋은 쑥으로 이름이 드높아 쑥섬이랍니다.

남풍이 불면 쑥섬 몬당 양지 바른 곳에서
아리따운 우리 누님들 삼삼오오 쑥을 뜯으며
아지랑이 살랑거리는 여자 산포바위까지 나아가
서울로 돈 벌러 간 언니 오빠 이름 부르며
머언 하늘바라기를 하였드랬지요

내 고향 고흥 쑥섬에서는
음력으로 삼월 초사리 미역을 으뜸으로 쳤지요
허리춤에 새끼줄 둘러맨 섬 아낙네들
쑥섬 뒤 마당널이 · 팽널이 · 노루바구 · 중빠진 굴
사람 가기 어려운 곳 아랑곳하지 않고
먼 바다 너울 속에서도 초사리 미역 따러
훌렁 훌렁 바닷물로 뛰어들었지요

쑥섬 보리마당에 초사리 미역이 지천으로 널리우고
몬당 섬 쑥으로 만든 쑥 지짐 향기 가득하여
보릿고개도 절로 절로 넘어 갔드랬지요

갯패랭이

석달 열흘을 피어 무얼 바랐더냐
가지 못하고 떠나지 못하고
하나에서 다시 하나가 될 때까지

누굴 기다렸더냐
아직까지 오지 못한 형제들이더냐
마저 떨구지 못한 첫 사랑 미련이더냐

독하게 살아남느라 모두 떠나보낸
세월이 후회가 되더냐

마저 틔우거라
이제는 되는 대로 들어오리라

섬마다 너 꽃으로 지천이 되면
떠나간 쑥섬 사람들 돌아와 보리마당에
장구장단 풍물소리 가득하리라

오메오메

오메오메
여어가 어디라고 오셨으께라

전남 민간정원 1호
소문 듣고 오셨으께라

여수서 물길로 오셨다요?
배멀미 머나먼 남쪽 바다
봇또리바다 건너 동바다
거친 파도 헤치고

고흥서 뭍길로 오셨다요?
길고도 험한 국도길
넘어 너머
여가 어디라고 여까지 오셨다요
나라섬 건너 볼품없던 섬 하나
오다가다 건네다만 보고
그냥 대처 올라만 가던 섬
머시라고 볼 것이 있다고

여까지 아짐찮게 오셨으께라
워메워메

작은섬 길

환희의 언덕 저 건너
작은섬에 가면

솔밑바구* 위 정금나무 밭에
머리박고 허기를 채우던 동무들이 오가며
만들어 두었던 길

솔밑 위에도
솔밑 아래에도 길이 있지요
여전히 눈에 선한 길

다시 돌아오길 바라는 길
다시 돌아가길 바라는 길

*솔밑바구 : 환희의 언덕에서 보이는 쑥섬의 부속섬 이름인
'작은섬'에 있는 벼랑

쑥섬 고양이* 1

웬일인지 쑥섬에선
왠갓 짐승 마다하고 유독
고양이만을 길렀지

아무도 나이를 기억하지 못하는
쑥섬 고양이 한 마리가
할머니 손질하다 비운 자리
꼬박 생선을 지키고 앉았다가는
제 몫으로 챙겨주는 내장만 먹고 살았지

할머니 돌아가시고
어느 해 겨울
어머니 다듬던 자리 지키기를 마다하고
울타리 맴돌며 밤 내 울어대더니
소리 거두어 간 곳이 묘연하였다.

이듬 해 날이 풀리고
섬 뒤 벼랑 아래 양지 바른 곳에
죽어 살이 다 내린
고양이 한 마리가 있었다.

*쑥섬 고양이 : 쑥섬에서는 오래 전부터 고양이를 많이 키웠었다.
배들이 많아 생선이 흔해서 고양이 먹이는 늘 넉넉하게
챙겨주었다.

쑥섬 고양이 2

돌아오라 이제는
집 비워 두고 떠나간 주인어른들
몇 날 몇 일을 기다렸더냐

식어 버린 아궁이
다시 군불 지펴지기를 몇 날을 기다리다가
떠나갔더냐

길고양이로 살았더냐 들고양이가 되었더냐

빈 집을 지키고 앉았다가는
일 년에 한두 번 다니러 가면
왜 이제 왔냐고 이제는 가지 마라고
집 마당에서 밤내 울어 쌌더니

어디로 떠나갔더냐 아버지 어머니 따라
아주 떠나 간 거냐

빈 집에 빈 그릇만 유난하구나

쑥섬 고양이 3

사는 데까지 살아남자

떠나가는 사람들 비어가는 집집
지키는 데까지 지켜내자

돌아오는 그 날까지 들어오는 그 때까지

없던 너구리 들어와 터박이가 되고
없던 까마귀 들어와 설치고 다니도록
들고양이 되어 길없는 길
흘러 흘러 비렁길을 타더래도

우다시배 · 중선배 · 나가시배
머언 바다 난바다까지 따라갔다 오던 시절
더러는 물귀신이 되어 영영 불귀의 몸이 되었지만
명을 구하고 대를 이어서 쑥섬을 지켜 왔듯이

살아 남자 살아 있자
빈 집에 등불이 내 걸리는 날까지

우ㄲ터리길

예까지 오셨군요
지친 걸음 잠시 머물다 가셔요

남도길 바닷길 오르막 내리막 잠시 잠깐이더군요
비렁길 아슬하게 그래도 볼만한 절경이었습지요
마른 가슴 뜨건 마음 여기서 잠시 식혀가요

바다보다 더 내려간 깊은샘 물도
큰산 물줄기 잠시 머물다 가는 거랍니다

저 깊은 곳까지 수맥을 찾아 내려간 바램을
헤아려 보아요

그대에게 한 모금 시원한 큰 산 약수 대접하려
그 옛날 쑥섬 사람들 물 터져 환호하던 날을
떠올려 보아요

오만 갈증 천만 욕망 여기서 깔끔히 씻어가요
시원스레 우ㄲ터리길에 털어두고 가셔요

몬당길

이 몬당길은
우리 둘째 누나 쑥 뜯으러 가던 길

쑥을 캐서 쑥향 가득 실어 보내던 길
우리 큰 누나 서울살이 고달픈 양장점 잘 되어라
쑥섬 소식 전하려
조막손 고운 손 쑥향 따던 길

저 뒷면 비렁길은
우리 세째 누나 찔레순 뜯으러 가던 길

남풍이 불 적이면 찔레꽃 땋아서 머리에 꼽고
어머니 아버지 공부 좀 더 하고 싶어요 뭍으로 보내주세요
섬 처녀 적 노래 부르던 길

그 몬당길 비렁길은
여자의 일생 · 아씨 · 흑산도 아가씨
그 곱던 목소리 그 고운 노랫소리
넘쳐 나던 길

그 섬에 가니 꽃이 있네

꽃이 있네

섬 속에 섬
쑥섬에 가면 몬당까지 가면

거기 비밀의 정원이 있다네
쑥섬지기 부부가 가꾸어 놓은
별정원 · 달정원 · 태양정원 · 치유정원 · 수국정원 · 문학정원

없는 꽃이 없네

철철 마다 지천으로 피어나는 꽃
낮이면 드넓은 남해바다 배경으로
밤이면 가이 없는 은하수를 배경으로
별을 부르고 달을 부르고 해를 불러서

머언 손님 지친 마음 쓸어안아 주고
거친 세상 힘을 내서 잘 헤쳐 가시라고
언제나 함박 웃음꽃으로 등 토닥여 주는

그 섬에 가니 꽃이 있네

환희의 언덕

그라제라

세상은 이 맛에 사는 거제라
금방까지 깔딱고개 이노무 세상살이
우째 이리 심이 드능가 싶다가도
알다가도 모를 깊으나 깊은 숲길
영문 모를 비렁길 간당간당 하다가도
잠시 잠깐이라도 여기
화악 트인 남해 바다
그림 같은 절경으로 그대 앞에 나서자고
억겁을 깎고 깎아 영겁을 견디고 견뎌
여기 앞에 그대와 함께 만세를 올리고
환호를 터뜨려
그대 건너온 길 그대 걸어온 길
응원하고 격려하니
여기 모든 시름 만사 잊고
하루 한 해 한 생 거뜬하시길
기쁘하시길 두 손 모아 기원이니
세상의 길 다시 걸어가는 거제라

그라제라

삼도 가는 길

멀고도 멀어
장구 장단 일어 여수에서 백야도 봇돌이 바닥
나로도 거치고도 난바다 다시 너머 가는 길

초도 · 광도 · 평도 · 손죽도 · 무학도 건너가면
동도 · 서도 · 거문도가 모여 있어서
석 삼, 삼도라 했지요

작은 배 하나로
농어 · 참돔 · 감성돔 · 능성어 잡으러 가던 길

오늘이야 맑으나 밝아 장판 같은 바닷길이지만
울 아부지 혼자서 오가던 삼도 뱃길은
어쩌도 그리 난바다였든지

아직도 멀고나 먼 삼도 길
오늘도 장구 장단 노랫가락 흥청거리는지
갈매기 한 쌍 춤사위가 고웁구나

첫 사랑 돌담길

썰물 따라 우끄터리로 갯것* 가자고
고것이
동백꽃 피어 흐드러지고
동박새 소리 지천이던 시절

깊어진 마음에 그녀의 눈을 보고는
동백꽃 보는 듯 가슴이 차
먼 바다 보는 듯 했는데

첫사랑 돌담길 돌고 돌아
동박새 소리로 동백꽃 입술로
들물 들어 우끄터리길이 잠길 때까지

동백꽃 피고 지고 붉은 울음 터질 때까지
연애 하느라
동백꽃 지는 줄도 몰랐지
동백 익어 터지는 줄도 몰랐지

*갯것 : 파래나 김을 뜯거나 바지락 굴을 따는 일을 쑥섬에서는 '갯것'이라 한다.

동박새

내 한 때 동백꽃을 좋아했지요.

붉은 웃음 겨우내 머금어다
이른 봄 날 지천으로 터트려 놓는 겨울꽃이라 좋아했지요.

오오, 통째로 펴선 통째로 입술 던져 스러짐
어쩌면 그 꽃은 그대 입술이었을지도 몰라요.

겨울에 피어난 꽃 사색으로 죽어지낼 적
뜨겁게 사르는 우리만의 사랑법의 표현
내 겨우내 그대 입술에 입맞춤 합니다.

겨우내 그리워 바람으로 욕심 추려내어선
정갈한 마디마디
날아드는 동박새로 이제야 꽃이 피고 있어요.

내 뜨건 겨울 다 지내고
그대 입술 뜨거웁게 열리고 있어요.
겨울 이야기 꺼내고 있어요.

동백꽃길 돌탑

누가누가 시작했나 초분골길 돌무덤

낳다가 죽은 애기들 크다가 죽은 아이들
갯돌 깔고 섬돌 쌓아 울음 울어 떠나보내던
꽃도 피지 못하고 떠나간 쑥섬 아가들
독단불* 돌무덤으로 애기 울음 들렸지

누가누가 쌓기 시작했나 동백꽃길 작은 돌탑

동백꽃 무장무장 피어나면
멋들어진 동백꽃길 만들어지면
동백꽃 하나에 작은 돌 하나 얹어
하나가 모여서 열이 되고 백이 되었네

오다가 돌 하나 얹고 가다가 돌 하나 얹고

아가야 아이야
이제 꽃으로만 피어라 동백꽃으로만 살아라
섬돌 따라 돌탑 타고 하늘로 가거라

*독단불 : 아기 돌무덤을 쑥섬에서는 그렇게 불렀음

중빠진 굴*

돌고 돌아 다시 되돌아 나오는
거친 숨소리 파도 소리

내기도 앞뒤를 재 가면서 했어야지
천 길을 오르려고
천만 번을 거듭 부딪치는 미련아

아직도 시퍼렇게
깊고도 깊은 굴에서 빠져나와
천길 벼랑을 오르려 하느냐

객기를 버리면
언젠가는 신선대神仙臺에 올라
구름을 부르는 날 있으리

*중빠진 굴 : 성화등대가 있는 벼랑 아래 자연 동굴 이름으로 굴 위에 있는 신선대에서 탁발승이 신선과 내기를 하다가 떨어져 죽었다는 전설이 있음.

바람 꽃대

바람처럼,
오늘은 아침 대문을 두드리고 싶어
그대가 아직 화장을 시작하지 않았어도
주저 없이 흐르고 싶어
뒹굴고 싶어 그대 솜털 그득한
봄볕 쑥섬 몬당 쯤에서

이제 시작일 뿐이야 하지만
왔다가 가는 무수한 바람꽃들
하늘정원 꽃대처럼,

아직도 순수로 기억되고 싶어
어제 뜨겁던 심장에서는 이제
영문 모를 유채꽃이 피어나고 있어
겨울을 넘어온 열망 다 어디로 갔는지
오로지 오늘 피우는 꽃은
영겁의 시간 여행을 위한 것

별정원 꽃대같이,
뽑아도 뽑아도 시간의 포기를 키워
내 넓지 않은 텃밭에서 모두 다 버려진

무수의 소리들로
틈만나면 아우성 아우성 키를 키워
아무런 생각 없이 흔들리고 싶어

그대와 함께 가고 싶어 이 봄날을 마냥 날리우며
바람처럼 꽃처럼,

겨울 쑥섬

겨울 쑥섬 행은 역시
영등포역에서 무궁화호로 출발해야
제격이다.

군밤 장수 같은 빵모자 뒤집어쓰고
군고구마 장수 같은 동잠바 혹은
목장갑으로도 넉넉하다.

겨울 햇살 가득히 들어오는 왼쪽
겨울 햇볕 가득히 내려앉는 오른쪽에서
졸다 깨다 가는 길

들를 곳 다 들르고 간간히
한 두어 번 뿌앙뿌앙 내 대신 소리도 질러주는

겨울 쑥섬 가는 길은
이 한 겨울에도 언 땅 밀치고
쑥향 전하려 움 틔우고 있을 겨울 섬
몬당까지 오를 양이면

추운 삼동 쑥섬 행은 역시
영등포역에서 완행으로 출발을 해야
제맛이다.

머언 섬 남쪽 바다

머언 섬이 그리웁다

산다고 살아 왔건만
가만 생각해 보면
아무 것도 아닐 때가 있다

머언 섬이 보고 싶다

산다고 살아보지만
내도록 이역만리
바닷가만 연연하는 내 모습
안쓰럽다 못해
울고 싶을 때가 있다

오늘 이 겨울 볕
창창하여라

버리고픈 내 허울들
버리지 못한 내 껍질들로
마알간 겨울

남쪽바다
머언 섬에 가고프다.

겨울 동백

그대여
겨울 나로도를 다녀가셨군요.
내려오시는 길에 녹동에도 들르셨군요
소록도 한하운 시비
아직도 누워 있어 가슴이 메이셨군요.
언제 다시 띄워질까 궁금하셔서
하방금리 우주 발사기지도 가셨군요
고향집 내어 주고 함께 방출된 사람들
안부도 여쭈어 보았을 터지요.

다시 섬을 돌아가시는 걸음
축정까지 와서 잠시 잠깐 쑥섬에 들를 일이면
쑥섬 몬당 비밀정원 가는 길
마을회관 바로 옆 빠알간 양철지붕
조개껍데기처럼 저의 고향집이 있습지요.

그대여
겨울 쑥섬 빈 집
겨울 볕만 가득한 빈 화단에
그대를 맞아 피어 있을 겨울 동백에
입맞춤하고 계셨을
그대 모습 눈에 선합니다.

뒷먼밭* 소나무

며칠 바람이 불고 불더이다
늘 푸른 잎으로 가득하던
쑥섬 뒷먼밭 소나무 한 그루
마른 갈비들을 잔득 떨구어 놓았을 터
어머니 내 소싯적 땔감나무로 베지 않고
내 키를 키우듯 그 키를 키워 주었던
이름하여 독야청청 소나무 한 그루
아름 아름 키를 키워 외롭고 굳건하더니
털면 아무것도 나올 것 같지 않던
홀 소나무 저도 외로워라
저 혼자 떨구어 내었을 시간의 더께들이
갯바람에 이리저리 쓸려 다니고 있으리
다시 바람은 떠나가고 흔적도 없이
그 많던 시간들
깨끗하다 못해 말끔하다 다들 어디로 흘러갔는지
바람이 언제 있었냐는 듯 고요한 쑥섬 뒷먼밭
독야청청 소나무 한 그루
다시 푸르다 못해 겨울빛깔 청청하리

*뒷먼밭 : 쑥섬의 뒷쪽은 주로 벼랑인데 그 위에 있는 밭을
이렇게 부른다.

목넘에 해넘이

두 개의 창문을 통하여
하나를 둘로 나누어 보는 저녁이
내리고 있다

오늘은 뿌리 채 뽑혀 흐르고 싶다
떠돌고 싶다 이제 키를 키우는 것보다
시간을 따라 가야 할 시간

진정 몇이고자 세상에 나섰던가

목넘에 파도처럼 밀려오는 붉은 노을
밀려 나온 객수의 미역줄기나 건지려고
아직도 어둠의 시간 속으로 흐르고 있는가

홑잠뱅이 차림으로 살아가는 세월 속
목넘에 노을은 시나브로 지워지고.

거기
살아있는 빛깔의 어둠이
유성처럼 별빛 같이 돋아나고 있다.

그대를 위하여

하늘을 우러렀더니
밤하늘에서 별이 내렸네

살아있는 눈망울들이 돌아가자고 어서
제자리로 돌아가자고

빈 손이라도 좋으니
빈 화단에 봉숭아 꽃대라도 올리자고
빈 남새밭에 옥수수 대라도 키우자고

별이 내려앉는 밤 그대 눈에
내 식어가는 가슴에 다시
살아나는 밤

어둠 속에서 그대가 내 속으로
들어와 앉았네

밤을 이끌고 돌아가는 걸음을 붙들고
함께 별꽃이 되었네

아침바다

파도가 굴리는
모래 소리 너머로 여명이 인다

밤새 어둠을 끌여들인
그물 사이로 일출이 온다

이마에 달을 달고
이마에 해를 달고

버얼써 땀으로
아침을 적시는 사람들

살아 있는 함성으로
퍼떡이는 아침바다

나도 일어났다고 기웃기웃 뒤늦게
언저리 맴도는 갈매기 따라

부지런한 사람들 바다에
아침을 그리고 있다.

육박나무

우린 프로펠러 나무라고 불렀다네

왜정 때 왜놈들이 베어다가
비행기 프로펠러를 만들었다고
질기고 질겨서 아무리 매달려도 부러지지 않았었지

육박나무라고 한다고
귀한 나무라고 그러더니
갑자기 외지사람들한테는
해병대 나무라고 불리더니

쑥섬에 가면
오백년을 지켜온 쑥섬 당숲에 가면
코알라 나무도 있고 어머니 나무도 있고
죽어서도 사는 나무도 있고
벼락 맞은 나무도 있다네

세상 사람들아 오거든 조심조심
당할아버지 계시는 신성한 땅 오백년을 지켜온 숲
모쪼록 귀하게 귀하게
다음 오백년까지 천년만년 지켜 주옵소서

제2부 / 섬 전설

섬 전설

아버님 평생고집 섬으로 남고
유채꽃 알알이 씨 되어 한으로 뭉그는데
뭍을 건넌 바람이
시누대 살矢되어 가슴에 와 박히었네

아버님, 뭍으로 가야 하나이다.

산은 산으로 남고
섬은 섬으로 남아
동백은 꽃 피워 동박새 부르고
바위는 이끼 피워 세월을 부르는

노루바구 팽널이 바람 솔솔 솔밑바구가
신선으로 환생하는
섬 전설 모두를 내가 심었는데

섬은 섬으로 남아야지.

돌담

유배지마다에 나으리 까칠한 수염마냥
돌옷 입으시고
뒤틀려도 좋은 선 귀인貴人의 평생이
성城을 이루고 있습니다 들어올 적 혼자였다가
시름시름 많기도 하여라 돌로 올려
호화별궁 초가 한 동棟 넉넉하게
장다리꽃 보기도 좋아라 육자배기 한 가락
훨훨 장성長城 너머 한양을 바라시더니
나으리 잠드실 땅 한 평 하늘 한 마지기
손수 장만 하시더니 들어올 적 혼자였다가
나가실 적 기억 못하시는.

머무는 땅 쉬는 곳

아버님 머무는 곳도 해는 저물어
사위에 먹빛으로
짙게 그어진 화선지이지요?

아버님
아직도 그 고집이십니까?

사람 가는 길 저물녘 되어
헤어져 가게 되면 영원으로 가는데요
뭍으로 나오소서

섬으로 가야 하는 사람의 길이라면
지금이라도 맨발로
맨발로 가고 싶은데요
왜 이렇게 사람은 욕심의 그림자를
못 버리는 걸까요?

아버님
태산같은 호통으로 섬으로 부르소서
겉도는 영혼을 섬으로

이제는 이곳 남의 땅이 더 편안한 것은,

죄를 지었습니다 아버님
아버님
섬으로 부르소서!

파계破界

저 돌들의 잠을 깨우거라

큰산*이 몸을 풀어
우끄터리* 갯가에 무수의 세월로 살고 있는

저 깊은 잠을 깨우거라

손마디 굵어진 큰산 황죽黃竹이
마디마디 갇혀 있는 계界가 보이는가
날을 세워 자르거라

다듬어
백년百年의 꽃을 피우고도 저렇게
소리없는 시간으로 살고 있는
울음을 꺼내거라

황죽黃竹의 입을 열어
소리로 일어서거라.

*큰산 : 우끄터리 초분골 위 큰 바위산으로 쑥섬 왕대밭이 있다.
 큰산이 한번 무너져 내려 그 아래에 크고 작은 바위들이
 많이 널려 있다.
* 우끄터리 : 쑥섬의 오른쪽 끝 부분을 우끄터리라고 부른다.

후박나무

그렇게 시퍼렇게 열려 있겠지
붉은 마디마다 굵은 울음들을 달고 있겠지
애기 울음, 아이 울음들
초분골 애기무덤 독단불에서 키를 키운 나무들

오늘은 누구를 기다리며
붉은 가지에 울음 매달고 있을까
제 어미 그리워 밤마다 울음 울다
제 어미 우끄터리 모래샘에 물 길러 올 적이면
젖무덤 파헤치듯 한 바가지씩
물동우에서 한 바가지씩 물을 당겨 묵었다던

초분골 후박나무, 개후박나무 울음들은
오늘은 누굴 기다리며 울음 울까
시퍼렇게 시퍼렇게 붉은 가지로

바다꽃

들어봐.

배를 부릴 때나 뱃사람 되어 바다에서 살아야 할 때는 노상 호주머니에 목숨을 챙겨 다녀야 하는 모양이야.

만선을 꿈꾸는 뱃사람들에 잿빛 잿빛 구름떼 그물 가득 걸려들면 미련 없이 목숨을 내주어 버렸던 모양이야.

파선 뒤에 자취처럼 남는 주검 없는 장사葬事도 상관 않고 애오라지 죽음 하나만을 위해 선선히 그래.

더 들어봐.

내 유년의 기억 어디 쯤 칠성바다 조기잡이 나갔다가 회항한 할아버지는 풍선風船 고물에 싣고 온 주검 여덟을 가리키며 동아줄에 꽁꽁 허리가 묶여 있던 넋들 거두면서

바다꽃 피었다 바다꽃 피었다.

표류하던 여덟 생명이 뭍이 보이지 아니할 때 묶었을 죽어도 같이 죽고 살아도 같이 살자고 묶었을

먼저 잠든 주검 옆에서 스스로 매듭 풀지 않아 꽃 이파리 하나 피고 꽃 이파리 하나 피고 여덟 이파리 바다꽃은 그렇게 피는 거야 그래.

하늘에서 새가 되어 바다를 내려다 봐.
눈을 감고 눈을 떠봐.

여덟 이파리 바다꽃이 보일 거야 그래.

팽널이 자갈밭

걸어서 갈 수 있는 데까지
뒷면 팽널이 자갈밭*에 가면

거기 하늘 끝에 닿는 천길 비렁이 있고
동네 누나 하나 쑥 캐다가
굴러 떨어지던 걸 팽나무 가지에 걸려
목숨을 구했다던 그 나무
거기 어디쯤에 아직 있어
부엉이 둥지 틀게 해주고 있을 터.

억겁을 구르는 소리·소리·소리
아직도 비렁을 타고 오르고 있고
거기를 떠나와 세상으로 나선 이들에게
보고잡다, 보고잡다
밤내도록 부르는 팽널이 자갈밭에
오늘은 하얀 포말로 또 하루를
일어서다 주저앉는 곳

얼마를 굴러야 저 자갈들은 모래알이 되어
포근하게 모래톱에 가 앉을 것이며

또 얼마를 굴러야 저 깊은 서바다에 가서

진하디 진한 뻘이 되어

시간도 잊고 퇴적되어 갈 것인지

끝도 없는 길 끝도 없는 소리로

머얼리 떠나간 마음을 부르는

*팽널이 자갈밭 : 쑥섬 당숲 바로 뒤 벼랑 아래에는
직하 절벽이 우뚝하고 그 아래 파도에 닳고 닳아 곱게 만들어
진 청자갈이 파도에 구를 때는 엄청난 소리를 낸다.

흰 상사화

맨드라미 벼슬로 뜨겁던 토방 볕을 지나
흰 상사화 주리 튼 팔월 남새밭에 이르면
물질로 건져온 해삼 똥구멍만
죄다 잘라먹는
스물에 홀로된 쑥섬 이씨 할머니
육자배기로 잘 나가다가는 눈물 한번 훔쳐내고

아, 전에 청상 메누리가 있었다요 그래. 해삼 잡아다가 목구멍 풀칠하던 시상, 밤낮으로 잡아다가 씨압씨 하나 모시던 메누리. 해삼 몸뚱이는 고옵게 발라내어 생각코 씨압씨 상에 놓고 자기는 똥구멍만 먹고 살던 메누리한테 씨압씨가 그래. 씨압씨 드릴라 넣어준 해삼 몸뚱이를 다시 내 줌시롱 인자. 해삼 몸뚱이 니도 좀 묵으라 건네줌서 인자. 야야 해삼 똥구멍은 어쨌냐 그랑께롱 인자 메누리가 나가 먼저 묵어 부렀습니다 그랬등마. 인자 니도 좋은 거 묵이아제 그라믄 될 것인디 야야 니가 나를 언제라고 똥구멍 한번 줬을라디야 니가 씨압씨라고 언제 똥구멍 한 번 줄라디야 그랬다요. 그래.*

무성으로 살아와 무독성無毒性으로 살아가는
상사화 같이 흰 상사화 같이
예순일곱 주름에 수줍어서 부끄러워하면서
사랑타령 춘향이 장단으로 가락 뽑아 올려서는
젖은 눈 살짝 훔치는
팔월 남새밭 너머에 하얀 꽃잎

*해삼똥구멍 이야기 : 순천대학출판부 발행 '남도문화연구' 중
쑥섬에서 17살에 사양도로 시집을 간 이원심 여사의
구술 이야기를 시적으로 변용하였음.

서양화가 해암

섬으로 드는 길목에서 해암*을 만났다. 그림 한 점 건네주었더니 호가 무어냐고. 화가가 호 하나 없어서 되겠냐며 해서 얻은 수석 한 점 해암海岩. 밀물이 석양처럼 드는 밀물다방 파도소리를 그리고 앉았다 소리도 듣지 못하면서. 평생을 쑥섬만을 그리고 앉았다 나로도 본섬은 앞에 두고. 뜨네기 손님 공짜 커피 한 잔에도 나로도항 인심은 아직 살아 있다며 가슴 한껏 부풀린 파도소리 해암. 파도만 그리면 되었지 무엇으로 파도 소리까지 그리려 하냐면. 나는 예술가이기 때문이요 예술가. 허공에다 소리를 그리고 있다. 이제는 소리조차 파도 같은 서양화가 해암.

*서양화가 해암 : 해암 최주휴이다. 홍익대 서양화과를 졸업 하였고 어렸을 때 심한 열로 청각을 잃고 평생을 고향 나로도와 쑥섬을 그려오고 있다.

해암을 위하여*

서울에서 머언 남도 쪽빛 바다를 만났다.

가을바람 소슬하게 이는 초가을 어느 날
광화문 앞에서
평생을 섬만 그리다 갯바위가 되어버린 화가 해암海岩

주름 많은 바위에 갈매기도 가마우지도
그리고 이름모를 바다 새도 편안하다.
험하던 파도도 와서는 숨을 재우는 나라섬羅老島

다들 떠나가고 남은 빈 자리에서
아침이 되고 저녁이 하루가 되고 그것들 온전히 모여
평생이 되어 섬이 되어 있는

쑥섬의 작은섬 목넘에 양지볕을 그려
서울 떠도는 영혼들 따뜻한 정情 한 줌을 건네주려

건너온
남도 쪽빛 바다를 만났다.

*2012년 광화문 근처 화랑에서 해암의 전시회에 출품한
 쑥섬 그림을 관람하고 지어 올린 시.

초분골

밤의 그만그만한 시간이 되면
적당히 주름 잡힌 아낙들
불을 켜들고 집을 나선다?

불을 보면 웬일인지 눈물이 나
소지燒紙하던 불 기어코 온 머리에 당겨놓곤
종이 타듯 종이 타듯

화―,

불의 아낙들 모여들어
영등사리 관능의 개펄에서
죽어서야 찾아오는 지아비들
혼을 부른다고 넋을 건진다고?

쑥섬에 가면
초분골*에 가면 지아비 따라
불이 된 지어미
초분 한 덩이 눈물처럼
뚜욱 떨어져 있지.

*초분골 : 쑥섬에는 오랜 규약으로 가장假葬인 초분만이 정해진 장소에 허용되었다. 초분은 통상 2~3년 뒤에 나로도 본섬이나 뭍으로 이장移葬을 하였다.

쑥섬 가는 길

스님,
생로병사의 톱질소리를 들을 적마다
와락와락 그리워지는
푸른바다는 어디로 갑니까?

한없이 고요하고 아름다운 물결들이
사는 푸른바다는

스님,
눈이 부시도록
상처도 하나도 없는 얼굴이
무시무종無始無終의 광명光明을
머금고 있는

푸른바다
쑥섬은
어디로 갑니까?

꿀에 대하여

꿀*을 사 오라고 했등마 꿀을 사 왔드라고
절라도 울 엄니가 갱상도 울 각시한테
이 날이 평상 숭을 볼 것이 없을라치먼
아야 가서 꿀 좀 사 오니라 그러시더니

객지에서 떠돌던 정신 마지막으로 수습하여
쑥섬으로 들어와선
막아 논 갯바탕*도 아랑곳 않고 꿀을 따와선
꿀은 따땃할 때 까 묵어야 쓴다며
왼손엔 다 떨어진 목장갑 오른손엔 다 무디어진 정지칼을 들고
꿀을 까 자시고 있다

워메 요것이 월마나 묵고 잡었는디 잡것들이 나를 잡아놓고
시설로 보낸다 요양원으로 보낸다 그려 워메 달디 단거!

우리 엄니
꿀 까 드시느라 다시
정신이 반쯤 나가 있다.

*꿀 : 바다 굴(석화)을 쑥섬에서는 '꿀'이라고 부른다.
*갯바탕 : 굴이나 바지락 등의 해산물을 채취하는 곳을 갯바탕이라 한다.

배밑에*

두웅 두웅 둥 뱃길이 막혔다 북을 울려라 나팔을 불어라
웃녘 칠산바다 멀리 연평 파시 다녀오는 길
파도가 높고 안개가 깊다 북소리 드높여라 여기가 어디냐

천길 바다에 용왕이시여 만길 당숲에 당할아버지시여
길을 내어 주시오 뱃길을 열어 주시오

배밑이다! 길을 잘못 들었다 세상 사 한 순간의 방심이
황천길을 부르는구나 머언 바다에서 들다가
허망하게 뱃길을 잃어 배도 잃고 한 세상을 마감을 하누나

칠흑같은 어둠 속 오리똥눈디, 오지안을 비켜 배밑에서
파도 소리에 묻혀 안개 속에 갇혀 부르던 소리,
소리는 이제 파도가 되고 시간이 되고 전설이 되어

시치미 뚜욱 떼고 초사리 초저녁 한물 간 봄볕이 되고

*배밑에 : 쭉섬 뒤쪽에 있는 지명. 옛날부터 안개가 끼고 시야가 어두우면 배가 부딪혀 좌초가 많이 되었다고 해서 붙여진 이름.

만선 풍어제

너울너울 먼 바다
큰 손님 납시었다

궂늬*가 인다
웃녘*으로 갈거나
아래녘*으로 갈거나

당할아버지 당제에
용왕님 전 풍어제도 지극했다

동바다로 갈란다
서바다로 갈라요

삼동 겨울 걷어내고
어서어여 배를 띄워라

남지나로 갈거나
동지나로 갈거나

한식파도 시작이다
만선 풍어 기원이다

*궂늬 : '큰 너울'의 방언이다.
*웃녘 아랫녘 : 나로도를 기준으로
  목포 쪽을 웃녘이라고 하고
  여수 쪽을 아랫녘이라 함

당굿

음력 정월 초사흘
울음 우는 모든 짐승은
쑥섬 밖으로 내 보내야 쓴다

석 달 열흘은
당 할아버지를 모시고
당 숲을 지켜야 한다

당제를 지내는 날은
아무런 소리도 부정을 탄다
금줄을 쳐라 금기를 지켜라

당제를 끝내면 굿을 일어라
풍악을 일어라

상당굿 하당굿 내도록
진심으로 기원하라

올 한해는
당할아버지 노여움이 없어야
풍년 풍어만이 있을 것이다

*당굿 : 당제를 지내고 당숲으로
 들어가는 초입에서 상당굿을 하고,
 내려와 안물짝 보리마당에서
 하당굿을 했었다.

샘 굿

큰샘* 굿은 굿거리로 시작하자
맑은 기운일랑 모두 오너라

동각샘*은 깊으나 깊으다
사시사철 마르지 않으니 이 또한 복이다

덤불샘* 굿은 자진모리로 몰아라
부정한 기운일랑 모두 쫓아 보내라

우끄터리샘* 굿은 진심으로 모셔라
억울타 애기 구신들 잘 달래야 쓴다

용왕지신 울리자
동방청제 용왕님
남방적제 용왕님
서방백제 용왕님
칠년대한 가물음에
물이나 칠렁 실어주소

일 년 내내 맑은 물이 콸콸 쏟아져 나와
쑥섬 사람 건강 충만 축원이요

*큰샘, 동각샘, 덤불샘, 우끄터리샘 : 쑥섬에 있는 샘의 이름이다

영등사리*

아내가 달을 안고 있는 사이
간밤 나는 바다와 정을 통했다
그믐의 바다에서 숨을 참으며
참으며 찍었던 파도소리 기억하라

달이 바다를 비운 사이
바다는 몰래 섬을 잇는 길을 만들어
그 길을 걸어 집으로 돌아가라
돌아가라 등을 떠미는 사이
다시 바다는 길의 흔적을 지우고
아내가 다 여문 달을 안고 울고 있다

간밤 찍었던 발자국 흔적도 없고
헛헛한 빈 바다에 어둠만 깊어지고
돌아오라 첫 날 밤의 환희여
돌아와 무딘 아내의 손을 잡으라

다시 달은 돌아와 바다를 채우고
그제야 아내는 초승에게 젖을 물리고 있다.

*영등사리 : 연중 가장 조수간만의 차가 많이 나는 사리로 음력 2월 그믐 즈음이다.

독단불*

붉은 동백꽃만 보면 나자마자 강보에 싸여 떠나가던
막둥이가 생각이 나
동백꽃만 피면 동박새처럼 시누대 빨대로 동백 꿀물 빨며
놀던 초분골이 잊힐리야

세상에 나왔다가 너는 거기 숲에서 꽃이 되었고
나는 여기 사막에서 모래바람이 되었다
너는 거기서 돌옷을 입고 나는 여기서 기름옷으로 산다

막내야 동생아
세상 돌고 돌아 금방인 것을 어쩌자고 나자 떠났더냐
동백꽃 피었다 지고 동백 달았다가 떨구도록 한 세월
엄마를 부르고 형제를 찾았더냐

붉디 붉은 꽃 입술 마지막 길이 어제만 같구나
돌무덤 이제 흔적도 없어졌구나

*독단불 : 아기들을 묻은 작은 돌무덤을 쑥섬에서는 독단불이라 한다.

조선기와집*

그렇게라도 해서 부富를 이루고 싶었더냐

하동 청석 주춧돌 드높던 처마끝
못 오를 곳 없어 보였으리
쑥섬 천하명당 와우도* 정수리 몰래 묘를 쓰고서
잠이나 제대로 잤으랴

이녘 배는 철철이 만선 깃발 드날리었고
이웃 배는 허구헌날 불귀의 바닷귀신이 되었으리
곡소리 가득한 섬에 풍악소리 끊이질 않았으리
허망하여라 부귀영화가 무엇이냐

영화도 영광도 흔적 없고
청석 주춧돌만 시퍼렇게 살아 있더니
이제는 그것마저 온 데 간 데 없구나

지나가는 돌담에 찔레꽃만 만발하구나

*조선기와집 : 동백꽃길에서 마을로 들어오는 길 가에 큰 밭이
 기와집이 있던 자리이다.
*와우도 : 쑥섬은 웃녘에서 내려오면서 보면 물 위에 누운 소 형상이다.

동각 청마루

아야 이리 좀 오니라
고추 좀 따 묵자

북을 치던 어른들 장구 장단 일구던 어른들
창을 하던 어른들 시조를 읊던 어른들
잠시 소일로 나와 동각 옆 돌말뚝에 앉아
오가던 조무래기들 고추 따 묵는다고

대청마루에 북 두드리며 시조 창을 잘 하시더니
좋은 시절 쑥섬 어른들 지금은 어디에서나
고추를 따 묵고 있을는지

동각 청마루는 간 데 없고
새마을 운동 때 콘크리트 부어 만든
문 닫힌 마을 동각에는
오가는 쑥섬호 시간표만 댕그랗구나

북 장단에 창을 하던 어른들 잠시 쉬던
돌 말뚝조차 없어졌구나

*동각 : 지금의 마을회관 자리에 대청마루로 된
마을 회의 공간이 있었다.

도깨비불

그 시절에는 도깨비불도 참 흔했었지
혼불이었던지 도깨비불이었던지

밤마다 별똥 찾는 거 보다
진터 산 도깨비불 찾는 것이 더 흥미진진 했겠다

교감 어른 돌아가시던 날 여름 날 언제
어둔 밤 초분골을 지나 겁도 없이
노루바구에 그물 놓고 돌아오던 길

우끄터리 초분골 초입 팽나무 한 그루 있는 둠벙에
왠 푸른 불 두엇 휘익 휙 가까이 혹은 머얼리
왔다가 갔다가 하였었지

저리가라 저리가 훠이 훠이 손 내저어도
도무지 멀어지지 않고 주변을 빙빙 돌기에
아이고야 이거시 무엇이다냐 초분골 도깨비인갑다
걸음아 날 살려라 내 혼도 거기 두고 뛰었지

어떻게 집에까지 왔는지 손에 든 것 모두 버리고
집으로 돌아왔더니
그예 도깨비불이 내 눈 속에 들어와 불을 켜고 있었네

그리워라 모래톱

그 언젠가는 거기가 모래톱이었으리

안몰짝 칫등에 지어진 집 자리 거기 무수의 조개껍질로 만들어진 모래톱 깨끗도 하여라 한 치만 파도 나오는 그 곱던 모래들이 모여 있던 모래톱으로 잔잔한 나로도 안 바닷물이 드나 들었으리 물새들 종종 거닐고 해달 오가며 발자국 남기며 먹다 남긴 생선들 갈매기 쪼으고 있었으리

사백년 전이었든 오백년 전이었든 사람들 들어와 살면서 시누대 숲 속 집을 지어 위로 오르거나 갱본*에 방축을 해서 집을 지었을 터

시누대 가득이던 섬에 묵은 원시림 가득이던 섬에 밭들이 일궈지고 몬당에 쑥 캐는 사람들 흥겨웠으리 해마다 풍물소리 사방으로 날리우고 일백 가구 넘쳐나던 사람들 들어오고 모래톱 자리 집터가 되더니 모래톱에 찍히우던 바닷새 발자국들 흔적도 없어졌으리

언제 다시 돌아오려나 그 원시의 바닷가 그 시원의
모래톱 찰랑대는 물결 소리 호호하하 뛰돌던 어린
아이들 웃음소리 다시 지천이 되리.

*갱본 : 바닷가의 쑥섬 사투리. 간조로 물이 빠지면
 드러나는 부분.

돈섬*

한 때는 돈이 지천이었더라

서바다에서 동바다에서
만선 깃발로 흥청거렸다더니
집집마다 잔치였다더라
곳곳마다 풍물이었다더라

돌고 돌아라 돈아

지폐를 독아지에 쟁여 두던 시절
하동 청석을 사다가 큰샘을 만들고
동각샘 우끝샘을 천길로 파들어가던 시절이
허망하다 한 순간이더라

자신만만했던 섬
돈다더니
지금은 빈 집만 지천이더라

돌아라 세월아
네월아 돌아라

돌아와 다시 옛날 영화 가득 하여라
돌아와서 함께 웃어나 보자

*돈섬 : 한때 쑥섬에는
두 겹 세 겹으로 배들이
정박을 했을 만큼 돈이
많아 '돈섬'으로도
불렸다.

제3부 / 보리마당

도둑놈 순사*

하나 둘 셋 넷 다섯
니는 도둑놈 나는 순사

모두 다
어디로 떠나가 있나
그 많던 조무래기들

하나 둘 셋 넷 다섯
죽었다 니는 나는 도둑놈

대밭으로 가자
샘밑으로 숨자

도둑놈 도둑놈

담을 넘어 숨자
청밑으로 들어가자

니는 도둑놈 니는 순사
하나 둘 셋 넷 다섯

돌아오라 돌아 와
이제 그만

*도둑놈 순사 : 어릴 적 놀던
일종의 숨바꼭질 놀이

챙고 챙고야

챙고 챙고야 무 챙고야 한 바꾸 도퐈이나 물어다 줏시오*

거기 비어 있구나 두어 척 빈 배 떠 있구나
두 겹 세 겹 돌 말뚝 나무 말뚝
사방이더니 지천이더니

챙고 챙고야 무 챙고야 한 바꾸 도퐈이나 물어다 줏시오

조무래기들 갯메테이* 잡던 돌계단
풍덩풍덩 물로 뛰어들며 깔깔 거리던 선창엔
빈 자리 거기 갈메기 몇 여유롭구나
해조음 한가롭구나

이제는 돌아오라 떠나간 갈매기 돌아와 쉬어가듯
이제는 함께 돌아와 살았던 세상
이제껏 살아온 세상 돌아보며 함께 하자꾸나

*챙고 챙고야 : 쑥섬에서 나고자란 조무래기들이 선창 계단에서 조그만한 '갯메테이'라고 하는 작은 물고기를 잡을 때 부르던 노래임.

화전놀이

동백꽃 피고지고 동박새 오고가고
노세 노세 젊어서 놀아
장고 장단 흥겹고 노래 소리 드높다

나로도 도가 막걸리가 넉넉하다
동바다 서대 무침회 한 다라이다
남녀노소 하루 하나가 되는 거라

화무는 십일홍이요 달도 차면 기우나니라

안몰짝 보리마당에 화전이 부쳐지고
영주네 엄니 장고 가락에
니나노 닐리리야 니나노
니나 할 것 없다 모두 나오너라
얼씨구 좋다

안몰짝 보리마당이 너울대는 춤사위로
장다리 꽃도 봄볕이 모자라다

풍선

나로도 오일장이 되면
풍선 하나 서바다에서 건너 오면
배 안팎에서 옹기들 윤기를 풀어 놓았지요

바람 따라 왔다가 바람 따라
가버린 시간 속
그대 오늘은 어디만큼 갔나요

오늘은 어디메서 풍선 하나 오나요

바람 불어 가을 드는 쑥섬 뱃머리
그 많던 중선배 흔적도 없고

머언 기적소리 풍물을 울리던
만선의 깃발 서바다에
바람이 지나가네요

똑딱 전어배

이리 몰아라
똑딱 전어배*

저리 간다
똑딱 전어배

이리 간다
저리 간다

인생살이
여기 다 있다

몽창 뜨면
살림 뜨는 거고
홀랑 하면
살림 거덜 난다

이거 한 방이면
쌀 한 가마니다
저 것까지 뜨면

막둥이 학비 번다

어여 가자
따라 가자

한 방 뜨러
한 판 하러

뚝딱 전어배
한 철 큰 손님이다
뚝딱 전어배

*뚝딱 전어배 : 배를 두드리며 전어를 잡을 때 부르는 소리이다.

보리마당

살다가 고단한 길을 가다가
쉬고 싶을 땐 문득 그리워져 찾아나서는 보리밭
그 황홀한 불꽃 그 기억 언저리

보리마당에 보리타작이 끝난 뒤 보릿대 검불 그 속에 숨어 세상으로 나아가기를 마다하고 어린 마음에도 세상 살기 어려울 거라는 예감을 키우면서도 은둔의 싹수를 키우며 나만의 공간에서 저녁밥 먹으라는 어머니의 목소리 흘리면서 아무도 나를 못 찾기를 바라며 잠이 든 시간 속에서 아직 누워 있는 꿈을 꾸는.

장대비 내려 시간이 침적되고
은밀의 벌레들이 꿈틀 거리도록
여름이 다 지날 무렵 두엄으로 김이 오르도록

잠시의 보릿고개를 넘어온 세상을 꿈꿔 온 유년의 그 한 나절의 꿈이 그리워 오늘 보리밭 그 드문드문 익어나는 보리밭 언저리를 서성대는 것이니.

*보리마당 : 쑥섬 동네마당이다. 보리타작을 한다고 해서 '보리마당' 또는 '본마당'이라 부른다.

배띄우기 놀이*

남풍이 인다

오동나무를 찾어라
먼 바다 배들 떠날 시간이다
안몰로 오너라

돛을 달아라
닻을 올려라

동바다로 갈거나
울진 앞바다 대화퇴
서바다로 갈거나
영광 앞바다 칠성바다

바람이 좋다
어여 가자

오징어 배도 좋다
종이배를 접어서라도 띄워라

마파람이 분다.

*배띄우기 놀이: 남풍이 불기 시작하면 오동나무 배를 만들어 띄워 놀던 놀이로 안몰짝 선착장에서 건물짝 선착장 쪽으로 배를 띄워 놓았다.

쥐불놀이

뇌성화*야

우리 동네 잡귀들은 모두 가고
너메 동네 오복일랑 다시 와라

뇌성화야

우리 쑥섬 풍년 풍어
모든 선원 무사 무탈

뇌성화야

먼 바다 나간 우리 아비
무사 귀항 만선 깃발

뇌성화야

서울 가신 우리 누님
부산 가신 우리 형님
만사 형통 하시옵길

뇌성화야
뇌성화야

*뇌성화야 : 쥐불놀이 할 때 들고
다니는 불덩이를 윙윙 돌리며
내던 소원 소리이다.

강강수월래

가앙강 수월래 가앙강 수월래

동산에 보름 오른다
달아 달아 둥근 달아 우리 동네 비춘 달아

서울 간 언니오빠 돈 많이 벌어 오십사
먼 바다 우리 아부지 만선 깃발 귀항하십사

달아 달아 밝은 달아
우리 쑥섬 비춘 달아

서울로 부산으로 떠나간 빈 집마다
아기 울음 어른 웃음
왁자지껄 사람소리 그득그득 채워 주십사

강강수월래 강강수월래

동산에 뜨는 달

동산에 뜨는 달

안몰짝 건몰짝 가시나들
강강수월래 돌고 돌아
추렴이나 하자고
몰래 몰래 불러나 볼까

당숲에 얹힌 달

우끄터리 신물짝 머시마들
도둑놈순사 숨고 숨어
주벅그물 서리나 하자고
소리 소리 불러나 볼까

초분골에 지는 달

안몰, 건몰짝 가시나들
우끄터리, 신물짝 머시마들
신랑 각시 놀이로
밤 새는 줄 모르네.

갑오징어

남풍이 불면
바다에 봄 빛이 들면 굼실굼실 먼바다에서
굿늬가 먼저 찾아들고
뒤를 따라 갑오징어 떼 무더기로 몰려 들었지

다들 산란하러 북상하고
더러는 부레에 바람이 들어 수면으로 떠다니는
갑오징어가 밀려들어오곤 했지

떠다니는 갑오징어 건진다고
작은섬 목넘에 시나브로 싸돌아 다녔지
눈 빤히 뜨고서도 물속으로 못 들어가고
살아서도 죽어가던 갑오징어 그 눈이 생각이 나

살아도 살아 있는 게 아니야
월남을 건너와 중동을 떠돌면서 나는
무엇인가 부레에 바람든 갑오징어 모양으로
어디메를 떠다니고 있는 건지

얼마를 더 떠밀려 다녀야 온전히
내 땅에 이르게 될 건지
갑오징어 떠다니는 봄볕이 그리워

덕석말이*

펼쳐라 펼쳐라 덕석을 펼쳐라

니 죄를 니가 알렸다
지엄한 규율을 무시한 니 놈의 잘못이 무엇이더냐

덤불샘 동각샘에서 아녀자를 희롱하였소
엄히 금하는 당숲 나무 몰래 주어다 땔감으로 좀 썼었소
막아놓은 갯바탕에 들어가 무단으로 갯것을 좀 했었소
지난 밤에 남의 어장에 들어가 고기 서리 좀 했었소

말아라 말아라 덕석을 말아라
우리 부락 규율이 지엄하다는 걸
모든 부락민이 들어 일벌백계로 다스리리라

살려주소 살려주소 아이고야 데이고야

세상 사 고달프고 힘들어 덕석에 말리더래도
쑥섬에서나 살고지고

*덕석말이 : 쑥섬은 규율이 엄해서 이를 어기면 보리마당에서
 덕석말이로 체벌을 했다.

삼경제*

길잡이었제라 저승 가는 길 망자가
남은 사람들 이승 가는 길

집집마다 등을 켜들고 나와 초상집으로 드는 돌담길
가는 길목 돌담에 매달아 밤새 망자의 길 밝혀주던

일경이요, 이경이요, 삼경이요

추운 겨울 집집마다 십시일반 머든지
가져와서 보태서 아까운 죽음에는 울음을 함께 하고
백수를 누렸거든 방장수를 내어 걸고
상여소리도 흥겨웠제라

삼경이요 하고 먹던 국수 한 그릇
그 추운 겨울에 먹던 돼지 수육 한 점

어지러운 세상 든든하게 살아가고 있제라
이국에서 험한 세상 길 헤쳐 나가고 있제라

*삼경제 : 쑥섬에서는 초상이 나면 출상 하루 전날 삼경까지
'삼경제'를 지냈었다.

만년 청년 권호 씨

못하는 것이 없었지요

소싯적에는
통 안에 뻘뚝, 작은섬 정금, 몬당에 삐비, 대밭에 참때왈, 뒷먼에 깔삐비 뽑아 묵고 우끄터리 동백떡, 초분골 뽕나무, 작은섬 자밤나무, 당숲에 가시팽 따 묵었구요 뒷먼 단풍뿌리, 나무칡, 물칡, 가루칡 캐서 허기를 채웠지요

철이 들어서도
새집앞끄터리 참숭어, 노루바구 노래미, 도런바구 바닥선, 중빠진굴 깔때기 갈매기도퐈 살조개, 우끄터리 장작기, 칫둥에 석화, 마당널이 해삼, 노랑바구 개불 따라갈 수 없는 선수였다지요

날아가는 꿩도 돌팔매질로 맞춰서 잡았다지요

어른이 되어서는
한 줄 낚시로 바다 속 물고기는 모두 잡아다 날랐다지요 곡두여 중걸 통치살이, 매바구 참돔, 큰굴 대농

어, 너프리 능성어, 손대 감생이 나로도 주변에
삼치 채낚시는 누구 따라올 사람 없답니다

만년 청년 권호 씨 칠십 평생을 쑥섬을 지키며
살고 있지요
여전히 살아 있는 전설이랍니다.

추렴

머든지 있는 거 가져오면 되지
동네 골방에서 한 살림 차리는 거지
고구마든 이 시린 동치미든
아부지 아껴 둔 막걸리도 괜찮은 겨

머든 가져와서 함께 뭐라도 만들어서
조금 전에 그 머시마 어장 서리 갔으니
지지고 볶아 보는 겨

군불 뜨겁게 지펴놓고 밤새는 거야
겨울 밤 깊어가는 줄 모른 거지

청춘들 모여서 긴긴 삼동을
잘 넘어 가는 거여

그러다가 신랑각시 되기도 했겠지
어쩌다가 덕석말이 감이 되기도 했었지

동네 대밭 왕대나무

왕년에는 엄지 손가락 굵기만 하더니 동네 대밭
왕대나무 시방은 어른 팔뚝 굵기만 하더구나

무엇이 너를 그토록 굵어지게 했더냐
마디마디 외로움이 가득 찬 것이더냐
찾아도 눈을 씻고 찾아도 그런 굵기는
어디에도 없었던 시절이 엊그제인데

보란 듯이 윤기도 자글 거리고
잘난 듯이 하늘을 가리는 구나
돌아오라는 몸짓인 거냐
함께 하자는 손짓인 거냐

하늘바람에 왕대나무 숲 오늘 따라
휘파람 소리 짙구나 짙어
세상천지 흩어진 인연들 불러 모으고 있구나

동각샘 은행나무

허리가 잘리운 동각샘 은행나무가
다시 키를 키우고 있어요

박선동 어른 젊을 적 새마을지도자로 한창 잘 나가던 시절 초가지붕 동각도 슬라브로 개축하고 마을 길도 넓히면서 은행나무 한 쌍을 동각샘 아래 심어 쑥섬을 일으켜 세우려 했지요 새마을운동도 꺼져 가고 모두 서울로 부산으로 떠나가고 빈집만 늘어 가고 동각샘물 훔쳐 먹는다고 키 닿는 데까지 껍질을 벗겨서 그만 죽어 넘어가라고

죽지 못해 살아 있는 은행나무 그래도 안쓰러워 잘 견디라고 장하다 장하다 살아 있어서 찾아 올 적마다 어루만져 주었더니 큰 태풍 바람에 고단한 목숨 줄을 놓을 적에 그래도 우리 집 지붕으로 넘어지지 않아 우리 식구 목숨 구완해 주었으니 다시 찾아 큰 절을 올렸습지요 감사하고 고맙다고.

남은 밑동만으로 남은 생을 위해
다시 가지를 내고 있어요.

잣밤나무

굳이 말 하라면 감사할 따름이지

아슬 아슬한 세상 살이
그래도 떨어지지 않고 살아가게
소싯적부터 잣밤나무
잣밤을 따는 재주를 익혔겠다

그 실력이면 어디 난 세상
무엇 하나 겁을 냈으랴

구실 잣밤나무 아득한 하늘 끝
소싯적 오르지 못한 곳
어디 있었으리

그 자장 굳은 솜씨로
살다 살다 이제는
사우디까지 와서 살게 되는구나

그 하늘 높던 기개가
살다 살다 이제는
세상사람 다 와서 하늘을 우러르는구나

산포놀이

추석절이 되면
선남 선녀들이 송편하고 과일을 싸가지고
쑥섬 몬당에 멀마산포 간내산포*로 갔지요

서쪽에 거문도 북쪽에 팔영산

원양 나간 아버지 대처로 나간 형제들
고수레로 무사 귀환 염원하고

부끄럼 잠시 밀쳐두고 청춘 남녀가 옹기종기
연애질 하던 곳

산포놀이 하던 처녀 총각들 이제는
어디에서 귀밑머리 파뿌리로 살고 있는지

빈 자리 산포바위에 선남 선녀 외지 손님들
꽃동산 지나오느라 고운 향기 진하고

오늘따라 따뜻한 햇볕이 내려와
홀로 놀고 있네요

*멀마, 간내산포 : 쑥섬의 정상인 몬당에 있는
평평한 바위, 멀마(남자) 간내(여자).

사바리 사바리

우끄터리 새집앞끄터리*에서
복쟁이 새끼 두어 마리에 물라던 노래미도 안 물면
바다가 육지라면 노래나 목이 터져라 부르던지
웃녘으로 가는 중선배에는 손 흔들어 주고
아랫녘으로 가는 객선에는 갠마이 뽕이나 멕이면서
훔쳐온 꽁초를 말아서 피웠었지

왔마 가마솥에 물 채우고 푸욱 과서
니들 식구들 몇 날은 몸보신 하긋따

사바리 사바리* 노래미 두어 마리로 지날라치면
동네 어른들 보리마당에서 다들 한 마디 거들면

에라이 갠마이 뽕이다.

*새집앞끄터리 : 쑥섬 우끄터리의 가장 돌출된 바위로
 뱃길에 면해 있는 곳의 지명이다.
*사바리 : 물고기를 한 마리도 낚지 못한 것을 사바리라 했다.

어봉호

어복호(魚福號)였겠지?

연평도까지 갔다 왔다고
대화퇴도 드나 들었다고?

물벙새여서
허구헌 날 물을 퍼내던
근홍이 할아버지
한 때 돈방석에 앉혔다고?

어벙호 혹은 어봉호

설날이면 한창 때 깃발 휘날리며
만선 귀항 꿈꿨을 터

지금은 어느 바다로 나서서
만선을 꿈꾸고 있을까?

제4부 / 아버지의 섬

태를 묻다

큰산 밑에 가면
내 태를 담은 항아리 어디 쯤 있으랴

동네 대밭 왕대 숲길 지나
큰산으로 접어 들어가면 아직도 온전한 독아지
우리 형제들 태를 담은 시간들이 살아 있으리

어둠이 들어 앉아 무엇을 기다렸으랴

살아 있는 동안 살아 가는 동안
할머니 살아 뒷면밭 지심 매러 갈 적마다
지극 정성 허리 굽혀 비손을 하더이다

신령님께 비나이다
우리 귀한 손주님들 명줄 보존해 주시옵고
용왕님께 비오이다
우리 귀한 손주님들 이름 드높여 주시옵길
비나이다 비나이다

큰산 밑에 가면
내 생을 담은 항아리 아직도 남아 있으랴
할머니 비손 소리 아직도 들려오랴

내가 날려 보낸 연은

저녁이 내리네

하루 가두어둔 마음에 하루가 내리네
문득 내가 멀리 떠나보낸
내 유년의 꼬리 기인 연은 지금 쯤
어디에서 머물러 있을까 궁금하네

들리지 않네 하루
길기도 하고 짧기도 하네
창문을 가득 열고 겨울볕을 받던 하루가
까마득하네

어제 같지 않은 하루
어제 같은 저녁 그리고 내일같을 어둠

내 소망의 꼬리 기인 연이 보이네
솔숲으로 난 길
어둠 속에 들어서야 어둠이 보이네
내 이름을 부르네 어둠을 밀치고

아내가 대신 닫힌 방문을 여네

뒤란 감나무

늘
저만치 가시는 아버지 모습 쓸쓸합니다.

빈 고향 집 뒤란 감나무
밤새 목이 쉬도록 휘파람으로 인적을 부르고
그 기나긴 시간을
아직도 빈 집 마당을 홀로 걷고 계십니다.

지쳐
잠시 바람이 그치면
깊은 밤 빈 세월을 허허로이
맥을 짚다가
깊은 외로움 한 말 술로 다스리는

저기 페르시아 만 이른 새벽 거친 바람 지나듯
아버지가 켜둔 불꽃 미명으로 일어나고
바람 한 자락 다시 지나 갑니다.

묵은 감나무 감꽃은 피어
비인 뒤란 남새밭 가득 별똥별로 떨어지고
초록 그 위로 별이 꽃으로 환생합니다.

비 맞은 수국

비 맞은 수국이 멋스럽다

아버지 먼 길 떠나시고
빈 뒤란 늙은 감나무 옆 자리
쟁여놓은 땔감 나무 썩어 가는 시간에
빈틈에서도 줄기를 키우고 꽃을 틔워
여름 장마 잠시 그친 빗줄기에
틔워 올린 모습이
처연하고 그리움만 뚝뚝 흘러 내린다

어머니마저 머언 길 따라가시고
산소 전 들르는 길 잠시 잠깐 와 머무는 빈 고향집
뒤란 빈 남새밭 여름 잡초 여전히 무성한데
그래도 혼자 꽃 피워내어 누구한테 뽐내는 거냐
만고 홀로 자유롭다고

잠시 잠깐 비 개인
비 맞은 수국이 더 이쁘다

새우살이

바다를 보고 있으면 홀로 바다로 나서는
아버지
사막을 보고 있으면 홀로 들로 나서는
어머니

새우 철이 되어서
서바다 혹은 서바닥, 동바다 혹은 동바닥

구름처럼 모여드는 먼 바다 새우 손님들 맞으러
새벽어둠으로 나서는

한 무더기 떠서 울 막내 대학 보내야제
몽창 떠서 울 둘째 장개 보내야제

어머니 아버지

사막을 건너 오셔요 바다로 건너 오셔요
달이 떠가 듯 해가 떠가 듯

무명 꽃

아버지,

하프문베이 Half Moon Bay에
파도가 심합니다.
슬프게도 혼자 앉아 동쪽 하늘을
건네다 보는 이 언덕에서
어느 해 씨앗이라도 날렸는지요.
알 수 없는 이름의 꽃
하얗게 줄기로 피어
향기로 그리느라 슬퍼 보입니다.
봄날 하프문베이 백사장으로 몰아치는
파도의 자국이
하혈하는 소리로 가득차고
아버지 잠드신 섬,

혼자 남기고 저는 이렇듯
타국으로 떠돌고 있습니다.
깊은 기침소리 이 거센 바람
어디로 나선 길이신지요
바람이 셉니다 어서 따신데
드시지요

아버지,

낙타 일곱 마리

사막은 만조
빈 가슴에 채울 것 모두 채워놓고 일곱 마리의 낙타를 몰고 나선 아버지 그 틈바구니 주름에 아침 노을로 가득입니다.

일곱 마리의 낙타가 울음도 없이 풀을 찾아 가는 저 사막 그 어디 쯤 아버지 꽉진 뒷짐 풀어지질 않아 언제 쯤 바다로부터 왔던 길 다시, 손 풀고 바다로 향하고 있을 터

바다는 간조
일곱 마리 낙타로 떠나간 아버지는 아직 귀가를 하지 않고 있고, 뜨겁게 살 익을 만큼의 광도로 전염되어 오는 바다 건너 한 뼘 핏물보다 진하게 아버지 등을 당기는 질긴 인연의 바다,

한 뼘의 거리, 해는 돋아 그 아래 배 한 척을 거니는 그림 같은 알코바 만에 일출이 입니다.

접시꽃

아버지,
접시꽃이 피었습니다

쑥섬 집 화단에 오월 내내 담 너머로 키를 키워
서울로 시집 간 큰누나 기다리던 접시꽃이
이역만리 페르시안 만을 건너온 해를 맞아
아라비아 사막 모래바람에도 굳건히 꽃을 피웠습니다.

아직은 힘줄 굵은 접시꽃들 사열 한번 받으러
뒷짐 지고 허허로운 걸음 한 번 다녀 가세요
쑥섬마을 뱃머리에 서울 큰누나 맞으로 나가실 적
아버지 그 커다란 함박 웃음만 같은

대륙을 건너고 산맥도 넘어 이제 막 대양을 건너온
태양을 영접하는 저 화안한 얼굴 한번 보러 오세요

오늘은 누구를 기다리는지
사우디 담맘역 화단에 더 키를 키운 접시꽃이 피었습니다
아버지,

목단*

고향 빈 집에

목단 피었으랴

바람, 햇볕, 구름

다녀가다

하루가 무료하지

않게

언젠가

주인어른들 떠나가시고

빈집되어

적요만 가득한 집

자식들 언제라고

한번이라도 들를까 싶어

날을 기다리고

해를 기다리길

올해는 어쩌랴

싶어

꽃대를 올릴까

말까.

*목단 : 제3시집 『아라비아 사막일기』에 실린 시로,
2020년 8월 4일 KBS 1 라디오 전국일주 '우리땅 예술기행' 에
소개되었음

망가프 일출*

오월의 태양 하루치의 목숨으로
쿠웨이트만 동해를 깨우고 있네
장밋빛 색깔로 봄을 밀어내고 있네

저 오름도 결국 한 나절 꿈이리

꿈을 깨 꿈을 꾸는
하루 낮 하루 밤
덧없는 시간이나 축을 내는

어딘가에서는 누런 보리 익어가는
향기 진동할 터
고향 섬 묵은 밭 두렁에 찔레꽃 만발하여
서쪽 바다로 나서는 머언 뱃길
만선滿船으로 깃발 나부끼며 귀항을 염원할 터

여기는 머언 사막의 바닷가
어둠을 밀고 하루를 여는
하루치의 목숨들 합장으로 일출을 맞네

*망가프의 일출 : 제3시집 『아라비아 사막일기』에 실린 시로, 2020년 8월 4일 KBS 1 라디오 전국일주 '우리땅 예술기행'에 소개되었음.

잎새주

쑥섬 빈 집에 홀로 들어
아무도 없어 냉골인 방에서
어머니 남기고 가신 전기장판 온기로
쑥섬의 겨울 밤을 넘어가는 중

무엇에 쓰다 남겨 진 잎새주 한 잔에
큰방 작은방 식구들 이야기 소리 두런거리고
어둠 가득하던 마당에 화톳불이 오르는 구나

기인 밤 겨울 바다 뱃길은 떨어져
뒤안 감나무 바람소리 휘파람 소리 안주 삼아
잎새주 두어 잔에 안몰짝 건몰짝
불이 켜지고 이 집 저집에서
사람 사는 소리 왁자지껄 아이들 웃음소리
가득하더니

아버지 심어놓은 감귤나무 빈 집에 홀로 남아
어둠 속에 노오란 감귤 초롱초롱 등불이
되었구나

일출을 향해 부르면

울음부터 쏟아내는 함박눈
하늘은 늘 수심으로만
눈발을 흩날리는 건 아니다

겨울 동안만 머무르다
진눈깨비 많은 날 빈 섬으로 나아가던
어머니 낡은 가방만 생각이 나고

어머니— 하면,

무어 하나 가득 채워 드리지 못해
초록의 찬연한 봄날에도
가슴에는 늘 찬 기운만 돈다

어머니— 하고
일출을 향해 부르면

거기 바다만 있다
거기 바람만 인다.

오월 장꿔

소리 하나로 쑥섬을 내어 지르네

봄은 익어 보리꽃으로 흐르고
오월 뒷먼밭에 살아 숨길마다 더운 기운 풍기네

옷 잘 입은 오월이 몬당에서 울고 있네
오월의 소리를 너무나 닮아 있는 소리로
젊은 한 나절을 울고 있는 소리소리 보리밭

커다란 울음소리 하나로 귀퉁이에서 부르던

징용 가 죽은 큰아들 부르다 자진하던
할머니 오월이 생각이 나고

지금은 잡초로 뒤덮인 뒷먼 밭
길이나 제대로 났는지

그 많던 장꿔들 어디로 떠나갔던지

뒷먼밭 할머니

뒷먼 여기 쯤 어디였으리

마냥 상퀘이 노니는 서바다 오리똥눈디* 어디 쯤에서
어무이 어무니 부르는 소리있어
아가야 어디냐 어디라고 사이판 전쟁터에 나가
B29에 니 청춘 모두 접고 그 아래에서 울고 있느냐

가슴 잡어 뜯고 뜯어 가슴 치고 쳐서 내가 니 원혼을
달랠 수만 있다면 내 가슴에 푸른 장독 내리더라도

아가야 아이야
어쩌랴 묵은 사연들 묵힌 시련들 그저 삭힐 수만 있다면
오로지 풀어진다면 너가 그냥 지나기는 인연이라 해 준다면

이 섬을 떠나는 어느 날 새파람 극성일 지라도
하늘 바람 살랑이는 겨우 초입이라도
니한테로 갈거니 니를 품으로 갈거니
내 아이야 내 아가야

*오리똥눈디 : 중빠진굴 옆에 있는 벼랑의 이름으로 가마우지가 머물면서 똥을 싸서 늘 하얗다.

오메 징한 거

오메 징한 거 이 노무 세상

한 세상 다 살아도 철마다 지심마냥 여전하고
꺼이꺼이 마른 밭에 오살 맞을 작은섬 아지랑이
오늘따라 꺼울러지것네

자식 놈 먼저 보내고 영감 떠나 보내고
오늘따라 흙냄새는 왜 이다지도 진하다냐

땅 속 세상이 멀쟎나 징한 놈의 세상
무신 미련일랑 있을꼬 갈 때 가야제

오메 환장할 이 노무 세상

한 나절을 지나도 고랑은 줄지 않고
저 너메 뒷먼밭엔 언제 넘어갈꼬

한식파도*

머언 손님 고옵게도 오네 바람도 없이
예가 어디라고

어디 칠성바다 밤내 우는 조기사리 울음 물고 왔능가?
다들 죽고 이름만 건너온 남양군도 어디 메에서 왔던가?

헛장* 써놓은 우리 장손 머시라도 넣어주고 갈라고
아직도 눈을 못 감고 있는디

화전花煎놀이* 끝물인디 쉰 막걸리라도 한 잔 하시고 가시게
잘 썩어 빠진 홍어무침 안주 삼아 넉넉하게 자시고 가시게

굼실굼실 취한 술이 다 깨기 전에 부디
곧 뒤따라 갈 거라고 안부나 잘 전해 주시게나

*한식파도 : 한식(4월 5일) 즈음에 이는 커다란 너울.
*헛장 : 주검없이 쓰는 무덤 혹은 장례 방식.
*화전놀이 : 쑥섬에서는 한식 즈음에 동네 마당에서 화전놀이를 했다.

사물놀이

네 마리 학이 날아들어
쇠를 두드린다 쇠가죽을 두드린다

꿈에 학이 찾아와 등을 내미는 걸 마다하고 다친 걸음 다 낫거든 가거마 하고 식은 땀으로 잠을 깬 할머니 가슴은 시퍼렇게 장독이 돋아 올라 있었습니다. 남양군도에 징용가 죽은 큰아버지 제삿날마다 두드리던 가슴에 독이 올라 쓰다듬던 날의 기억이었습니다.

중중모리 자진모리 휘모리로 돌아
상당굿 하당굿 오르내리며
쑥섬 한 바퀴 돌아 가도록

꿈에 늘상 할머님이 보였습니다 저승을 못 들어간 큰아버지 유골이라도 찾아 오너라고 호통을 쳐 대는 잠 끝은 식은 땀 돋아 밤은 밤대로 고통스러웠습니다 그게 안쓰러워 아내는 밤샘 기도 끝에 할머님 사진을 벽장에서 떼어내 나도 모르는 장롱 어디엔가에 감춰 버렸고 그날 밤 꿈에 검

은 쇠가죽 짐승이 되어 큰아버님 홀로 나타나 길
고도 긴 울음 울고는 어데론가 사라져 갔습니다.

풍물이여 풍물이여 가슴을 두드려라
쇠가죽 놋쇠가슴 찢어지고 닳아지고

보해소주

불을 놓자 거기 오월 땡볕으로 타 오르는 불길 속에 따닥따닥 보릿대 터지는 소리로 봄이 타 올랐다.

보릿고개 넘어 이제야 보릿방아를 찧어 양식을 할 수 있을 뒷면밭 버얼건 얼굴로 버얼건 불눈으로 누렇게 익은 보리밭으로 들어선 아버지의 손에는 날 선 낫 한 자루 대신하여 반쯤 비운 보해소주 댓병 한 병이 들려 있었을 뿐이었다.

그만 잊어 불제라 인자 그만 떠나 보내 줘야제라

겨울의 꿈은 그렇게 봄이 익어나는 계절에 불길로 타 올랐고 검은 재로 바람에 이리저리 날릴 뿐이었다. 할머니의 울음이 보리가 익도록 계속되자 보리를 베는 대신 할머니에게 해서는 안될 말을 그렇게 해대고는 보리밭에 불을 놓아 버렸다.

아버지는 남은 시간을 마저
보해소주 댓병을 비워 내셨다.

시누대 꽃

꽃도 아닌 것이 꽃이라고 피어나
꽃이라고 하였다.

더 이상 고기가 잡히질 않자 동바다에서 빈 배로 돌아오신 아버지는 더 이상 방풍림으로 제몫을 못하도록 말라버린 시누대 탓이라며 시누대 밭에 불을 놓아 버리곤 이제 떠나가는 거여, 함꾸네 하며 무너져 내렸다.

톡탁거리며 터져나는 시누대 울음을 타고 바람이 울고 보해소주 댓병이 밤내도록 아버지 입에서 피리소리를 내며 울고

그 밤 술기운을 빌어 아버지는 섬 사이로 흐르는 일곱 물 그 세찬 조류 속으로 소팔아 치우듯이 우리 집의 유일한 밥벌이였던 배를 그렇게 떠나보내버렸다.

백년의 꽃은 그렇게 피고 지고 섬을 떠나갔다.

아버지의 섬

섬을 떠난 아버지는
홀로 사는 큰형 그 단칸 지하 셋방에서
땅 속의 바다
그 어둠의 바다에서 잠이 들면
깊이를 알 수 없는 고함을 쳐대며
마치도 대문짝만한 참돔을 낚아 올릴 때의
그 기력으로,

아아아,

버리고 떠나왔던 섬들
그 잊히지 않는 전설들을 헤아리며
인천 지하 셋방 그 막막한 하늘에다
대고

노를 젓듯이 삿대질을 해대며,
잊지 않기 위해
잊혀지지 않기 위해
홀로

섬이 됩니다.

서울의 바다

항상 시작입니다.
그리고
언제나 끝입니다.

모든 것을 잃고 주저앉아
직장도 잃고 각시도 잃어 술병까지 얻은
장남을 일으켜 세우기 위해
떠나온 바다

봄비가 내립니다.

비린내 모두 건져내고
대신 서울의 흙을 담은 아이스박스
그 섬에
여린 상추를 심어
돌보고 있는 아버님의 등에서

파아란 바다가 출렁이고 있습니다.
비가 내리고 있습니다

하오면 어찌 하오리까

하오면 어찌하오리까.
가다가 뚜욱 발걸음 멈춰서선 기어코 주저 앉으셔선

더 이상 못간다!

호령하시던 당신의 어깨 그 너머에 태산이 있었고
소자 다시 넘어야 할 재를 눈 앞에 두고 있사온데
일어나셔야 하오리다 따라나선 길
어둠은 지척에 다가와 있사옵고
발굽마다에 황토 붉은 반죽으로 척척 달라붙어
한 걸음 한 걸음 천근으로 무겁사오나
소자 넘는 이 밤중 잿길만 함께 넘사와 주오.

난 괘념하지 마라 두고 혼자 가거라 하오나
당신 있어 힘이 되었고 힘을 얻어 재 너머 기상 높이
금의환향 말굽으로 입실이 눈앞인데

아버님 힘을 얻어 이 재만 넘사와 주오

삼동의 섬

다시
섬으로 가셨습니다

그 삼동 살애는 추위에도
섬으로 가고 싶으셨든지
소풍가는 마음이셨든지

목숨 하나 떠나면
목숨 하나 구한다더니
장남 기여코 사람 만들어 놓고선
들뜬 얼굴로
웃는 얼굴로

금방이라도
다문 입술을 열어
크게 웃으실 듯이
오랜만에
편안한 얼굴이셨습니다.

하얀 파도로 축복하는
삼동 섣달 초하룻날

다시
섬이 되셨습니다.

평설

생각과 기억을 넘어 뿌리를 찾아가는 여로에서 시의 힘을 보았네

―명재신 시인의 네 번째 시집 『쑥섬 이야기』에 대해서

이충재 (시인, 문학평론가)

1. 시집의 문을 열며

　이 시대를 살아가는 사람 중에서 디아스포라로서의 진정 자기 정체성을 찾아 길 떠나는 사람들이 아직 남아 있을까? 자기 뿌리에 대한 관심을 가지고 삶의 궤도를 신축성 있게 수정해 보겠다는 의식 있는 사람들을 찾아볼 수 있을까?

　회의적이요, 부정적이라 아니할 수 없을 만큼 고향에 대한 그리움과 그 너머의 순수한 역사의 기억을 가슴에 품고 살아가는 사람들이 턱없이 부족한 것이 사실이다. 거기다가 생각을 잃고들 살아가는 것 또한 심각한 문제가 아닐 수 없다. 그러니까 동양 관습의 하나로서 명절 때 본토를 향해 길 떠나는 것은 생각이 만들어낸 결과물이 아닌 단순한 기억의 결실 혹은 의무적이라고 할 수 있다.

　뇌 과학자인 모기 겐이치로에 의하면 '생각해 내기'는 축적된 기억들 속에서 지금 나에게 유용한 그 무엇을 끄집어내 현

실에 적용하여 새로운 미래를 만드는 사고방식이라는 것이다.
 우리가 언제까지 창의적으로 살아갈 수 있는 원동력은 외부에 있는 것이 아니라 쌓아온 기억이라는 내면의 보물을 활용하는 방법이고 그 방법을 일컬어 '생각해 내기'이다. 그러니까 단순 기억의 힘만으로는 가치 인생을 발견할 수도, 분별할 수도, 살아낼 수도 없다는 것이다. 이 시대가 바로 그 결핍의 현상 속에서 방향을 잃고 말았다.

 모두가 그렇다. 전부가 그렇다. 지성인들의 진정성 있는 삶의 행보나 저항도 발견할 수 없고 인문학의 고뇌도 그 힘을 잃고 말았다. 뿐만 아니라 그나마 철학이라는 학문으로 밥벌이를 해 오던 이들의 신음도 더 이상 들어볼 기회를 잃고 말았다. 학문의 전당에서 진리를 수호하겠다고 외쳐대던 청년들의 의지가 담긴 외침도 들리지 않은 지 오래다. 이들 모두의 몸부림 그 몸부림을 부추기는 정신적인 엔진이 모두 꺼져 버린 셈이다. 이 모두가 생각이란 힘 밖으로 밀려난 단순 기억 속에 안주해 살아가는 아류의 근성이 휘두른 손바닥으로 따귀를 얻어맞고 숨져 누운 까닭이다.
 이는 비단 모기 겐이치로의 고백만이 아니다. 칼 구스타프 융도 '영혼을 찾는 현대인'을 이야기 하면서 많은 사람들이 현대인이라는 이름에 걸맞게 사는 사람은 거의 없다. 왜냐하면 그렇게 살려면 사람이 고도로 의식적이어야 한다고 지적하고 있다. 그러니까 인간의 정체성이나 의식의 부재는 서구 유럽이

나 동양이나 같은 선상에서 겪는 부재 즉 결핍의 심각성을 우려하고 있다는 의미이다. 그러니까 이 시대를 살아가는 사람들은 두 가지 즉 '물질의 힘'과 '정치적 미혹'이 만들어낸 페르소나라는 일명 가면을 쓰고들 정신적, 인문학적 사기극을 자행하고 있는 것이다. 이 낌새를 알아차리기 위해서는 영혼이 순수해야 하는데 그 역할을 누구에게 물어야 할 것이며 맡겨야 하는가? 시인들에게 그 역할을 은근히 기대하는 분위기이기는 하나 그 역시 미온적이요 비판적일 수 밖에 없는 것이 오늘의 현실이다.

그런데 명재신 시인의 이 네 번째 시집 속에서 그 길을 모색하고 있어서 좋았고, 깊은 동기를 발견하였고, 그의 순수한 영혼의 노래 속에서 그 이정표를 발견할 수 있어서 참으로 즐겁고 기쁘다.

명재신 시인의 네 번째 시집은, 이렇듯 삐뚤어지고 쓰러진 일상적 틀을 바로잡아 보겠다는 의지가 엿보여 좋다. 때만 되면 짐 싸 들고 찾는 단순 고향 방문이 아니라, 그 텅 비고, 헐벗은 본토 이미지를 재발견하여 잃어만 가는 자신의 정체성을 발견해 보겠다는 슬픈 몸부림을 잃지 않고 있기 때문에 더욱 좋다.

명재신 시인은 고국이 아닌 아라비아 곳곳의 현장을 누비면서 나라의 소중함 내지 고국(고향)에 대한 그리움을 짙게 느끼고 있는 시인이다. 이 시인이 이번 시집에서 자신의 고향인 전남 고흥에 위치한 작은 섬 '쑥섬' 이야기를 통해서 그 의미의 진실성과 당위성을 스스로와 이웃들 그리고 뿌리 의식을 잃고 살아가는 슬픈 사람들에게 들려줌으로써 동거동락同居同樂하고 싶어하고, 진정한 뿌리를 발견하여 더 행복한 삶을 살기를 소망하는 그 심사가 다분히 엿보인다.

현대인들은 풍요롭고 편한 것만을 제일주의로 삼고 살아가는 습관에 지나치게들 익숙해져 있다. 언제부터인지 모르지만 고흥의 쑥섬도 '애도艾島'로 표기해 마치 맛깔스러워 보이려고 애쓴 흔적이 곳곳에서 보인다. 물론 여기서 '애艾'는 쑥 애이기는 하나 그 고유의 맛깔은 잃고 말았다. 그래서 고흥군에서는 제대로 된 본토의 뿌리를 재발견하려는 취지로 옛 향토 이름을 찾아 쓰기로 한 것이 바로 '쑥섬'이다. 그 의미를 시라는 작품으로 의미화시켜 역사에 길이 남을 자료로 시도했다는 점에서 명재신 시인의 네 번째 시집 『쑥섬 이야기』가 시사하는 바 그 가치와 의미가 깊고 크다고 하겠다.

2. '쑥섬'을 그리워하며 시의 섬으로 따라가기

시 작품들을 감상하다가 보면 자연 치유 혹은 정신적인 치료를 경험하게 된다. 명재신 시인의 작품 대부분이 그와 같은 맥락에서 읽힌다는 점에서 두 가지의 의미를 낳게 된다. 그 하나가 도회지의 밀집되고 폐쇄적인 공간과 환경 속에서 안주하며 강압적, 자의적으로 물질론에 세뇌 되어가는 습성 앞에서 거부할 능력을 상실한 '자아'가 빚어내는 수많은 오류 현상들을 올바로 세워 나가기 위해서라도 우리는 시인과 시에 거는 기대가 만만치 않다.

　　환희의 언덕 저 건너
　　작은섬에 가면

　　솔밑바구* 위 정금나무 밭에
　　머리박고 허기를 채우던 동무들이 오가며
　　만들어 두었던 길

　　솔밑 위에도
　　솔밑 아래에도 길이 있지요
　　여전히 눈에 선한 길

　　다시 돌아오길 바라는 길
　　다시 돌아가길 바라는 길
　　─「작은섬 길」전문

　　시 치료사인 존 폭스는 "시란 그저 진실을 말하는 것이다. 우리 각자가 가진 진실은 마치 손가락의 지문처럼 고유의 문양을 갖고 있다. 그것을 깨닫고 크게 소리 내어 말하지 않으면 우리가 누구인지, 이미 만물의 영장으로서의 가장 귀한 인격체라는 것도 알지 못한다. 우리가 느끼는 고통, 기쁨, 두려움, 희망은 다 의미가 있다. 자기만의 의미를 찾는 것, 고통을 극복하고 예상하지 못했던 힘을 발견해 이끌어 내는 능력을 회복하는 것으로부터 치료는 시작된다. 이것이 바로 시가 지닌 무기로서 폭발물이 장전되지 않았을지라도 인간을 살리는 위력인 셈인 것"이라고 말했다.

 명재신 시인에게 왜? 그 멀고 먼 아라비아 나라로 나가야 하는가에 대해서 물은 적이 있다. 그의 대답을 통해, 인간의 정신적 고통과 외로움 그리고 부자유스러운 태도를 견지해가면서 연명해야 하는 현대인들의 자화상을 발견한 필자는 명재신 시인에게서만큼은 정신적 고립이 나은 결핍 현상으로부터 자유하려는 그 순수 의지가 있음을 확인할 수 있었다. 그 단서가 바로 위의 시를 비롯하여 곳곳에 실린 다른 시들을 창작해 낸 자기만의 '뿌리'가 든든하기 때문임을 알 수 있다.

 현대인들은 갈 곳을 잃었다. 그래서 백화점, 위락시설, 대형음식점, 골프연습장, 컴퓨터 게임방 등 밀집된 공간에서 더욱 더 짙은 고독과 번민의 외투를 덕지덕지 입고들 슬픈 외출을 나서기 일쑤다. 그러나 앞의 시를 보면 명재신 시인에게는 언제라도 달려가 드러누울, 그리고 뛰고 뒹굴고 풍덩 몸을 던질 너른 바다가 있는 고향섬 '쑥섬'이 있기에 아무 염려가 없는 참으로 편안하고 넉넉한 삶의 모습을 취하고 있는 것이다.

돌아오라 이제는
집 비워 두고 떠나간 주인어른들
몇 날 몇 일을 기다렸더냐

식어 버린 아궁이
다시 군불 지퍼지기를 몇 날을 기다리다가
떠나갔더냐

길고양이로 살았더냐 들고양이가 되었더냐

빈 집을 지키고 앉았다가는
일 년에 한두 번 다니러 가면
왜 이제 왔냐고 이제는 가지 말라고
집 마당에서 밤내 울어 쌌더니

어디로 떠나갔더냐 아버지 어머니 따라
아주 떠나간 거냐

빈 집에 빈 그릇만 유난하구나
—「쑥섬 고양이 2」 전문

이 시에서, 시인이 지닌 속성으로서의 회상, 즉 되돌아보고, 한없이 흔적을 찾아 밟고 즈려밟은 반복 행위를 습관처럼 하는 모습 속에서, 아픔과 슬픔과 눈물마저 모조리 쏟고 또 쏟는 영혼의 노동을 쉼 없이 해야 하는 이유 같지 않은 이유를 낳고 있음을 볼 수 있다. 그 의중을 강탈당하는 것은 분명 잃어서는 아니 될, 버려서도 안 될, 그러나 이 모든 것을 모조리 잃고 마음의 병을 앓고 살아가는, 그리고 인간의 상실기를 맞이하면서도 슬픔조차 기억 못하는 이들의 권력이 휘두르는 천민자본주의 날선 검과 미리 목숨을 내맡기는 비겁한 행위의 결과다. 그들이 던져놓고 유혹하는 물질맘몬 우상 앞에서 영적 시체로 정신을 잃고 있기 때문이다. 천치바보인 셈이다. 왜 그럴까. 회귀의 본능을 차압당하고 스스로 자본의 노리개 꾼으로 전락된 까닭이다. 필자도 간혹 나고 자란 동네를 찾곤 한다. 갈 때마다 실망만 가슴 가득 안고 귀가를 하지만, 또 힘들고 지칠 때면 어릴 적 흔적을 조금이나마 찾을 목적으로 또 그곳을 찾는다. 그러나 여전히 실망과 아픔만이 짙게 물든 채 돌아오기 일쑤다. 명재신 시인인들 다를 수 있겠는가.

쑥섬에는 유난히 고양이가 많았다고 한다. 자연히 사람들이 떠나고 난 가옥들은 흉가로 전락 되기 마련이고, 그 공간을 가득 메운 또 다른 미물들의 현상을 보고, 우리는 디아스포라의 본능의 아픔으로 노래하고 나를 바로 세워가야 하는데, 그 노력이 어디에까지 미치고 있는지 자문케 하는 작품이기도 하다.

아버님 머무는 곳도 해는 저물어
사위에 먹빛으로
짙게 그어진 화선지이지요?

아버님
아직도 그 고집이십니까?
사람 가는 길 저물녘 되어
헤어져 가게 되면 영원으로 가는데요
뭍으로 나오소서

섬으로 가야 하는 사람의 길이라면
지금이라도 맨발로
맨발로 가고 싶은데요
왜 이렇게 사람은 욕심의 그림자를
못 버리는 걸까요?

아버님
태산같은 호통으로 섬으로 부르소서
겉도는 영혼을 섬으로
이제는 이곳 남의 땅이 더 편안한 것은,

죄를 지었습니다 아버님
아버님

섬으로 부르소서!
―「머무는 땅 쉬는 곳」 전문

 이 시가 비단 명재신 시인만의 절규이겠는가?
 고향을 향한 그리움의 애타는 절규가 살아 있다는 것은 참 다행스러운 일이다. 더군다나 시인은 오랜 시간을 타국의 흙먼지와 이질적 풍토와 문화와 싸워가면서 살아가야 하는 생계형 노동자이지만 그의 가슴 속을 역류하듯 치고 올라와 영혼을 향한 정화의 기능을 효율적으로 시도하는 인문학적 정신이 살아 있기에 슬픈 듯하지만 하나도 슬프지 않고, 고단하지만 여전히 살아있는 시 노래를 멈출 수 없는 것이다. 자력으로는 어쩔 수 없이 가장의 신분을 유지하기 위해서 밖으로, 외지로 떠돌 수밖에 없지만, 그의 영혼은 늘 고향 쑥섬으로 향해 있음을 신음처럼 토악질하는 시인은 자신의 이질적인 삶을 향해 '회초리를 들어 쳐 주십시오'라고 아버지를 향해 애원하는 듯하다.
 유독 이 시집에는, 아버지를 그리워하고 노래하는 시인의 모습을 곳곳에서 볼 수 있다. 그만큼 시인에게 있어서 고향 쑥섬과 아버지는 떼려야 뗄 수 없는 굳은 결연의 관계임을 알아차릴 수 있다.

 서울에서 머언 남도 쪽빛 바다를 만났다.

 가을바람 소슬하게 이는 초가을 어느 날

광화문 앞에서
평생을 섬만 그리다 갯바위가 되어버린 화가 해암^{海岩}

주름 많은 바위에 갈매기도 가마우지도
그리고 이름 모를 바다 새도 편안하다.
험하던 파도도 와서는 숨을 재우는 나라섬^{羅老島}

다들 떠나가고 남은 빈 자리에서
아침이 되고 저녁이 하루가 되고 그것들 온전히 모여
평생이 되어 섬이 되어 있는

쑥섬의 작은섬 목넘에 양지볕을 그려
서울 떠도는 영혼들 따뜻한 정^{情} 한 줌을 건네주려

건너온
남도 쪽빛 바다를 만났다.
─「해암을 위하여」 전문

이 시에는 2012년 서울 광화문 근처 화랑에서 해암의 전시회에 출품한 쑥섬 그림을 관람하고 지어 올린 시라는 부제가 붙여져 있다. 명재신 시인이 아라비아 현장에서 휴가차 서울을 다녀갈 때면 꼭 한 번은 광화문 시인들의 집을 다녀간다는 것쯤은 알고 있다. 그의 마음을 잇는 고향과 친인척 몇 사람, 그

리고 시인들과의 교분을 두텁게 했던 광화문이다. 그곳에서도 쑥섬을 향한 애잔한 마음은 곧 그리움으로 승화되어 시인의 가슴을 뒤흔들어 놓은 듯한 인상이 시 행 곳곳에서 느껴진다.

그러니까 시인의 정서는 하늘이 낸 것이다. 아무리 자본주의 깊숙이 물들어 살아도 순수 시인의 정서는 결코 오염되지 않는 야성미가 물씬 풍기는 천상 시인인 것이다. 그만큼 고된 세상살이지만 이렇듯 시 노래가 샘솟 듯하니 어떤 어려움인들 시인의 영혼(마음)을 넘어뜨릴 수 있겠는가. 시인의 마음은 온통 쑥섬 이야기들로 가득 차 있다. 그래서 명재신 시인을 만나면 파도 소리와 쑥내음, 고양이들의 하품 소리가 짙게 묻어나는 듯해서 좋다.

비 맞은 수국이 멋스럽다

아버지 먼 길 떠나시고
빈 뒤란 늙은 감나무 옆 자리
쟁여놓은 땔감 나무 썩어 가는 시간에
빈틈에서도 줄기를 키우고 꽃을 틔워
여름 장마 잠시 그친 빗줄기에
틔워 올린 모습이
처연하고 그리움만 뚝뚝 흘러내린다

어머니마저 머언 길 따라가시고

산소 전 들르는 길 잠시 잠깐 와 머무는 빈 고향집
뒤란 빈 남새밭 여름 잡초 여전히 무성한데
그래도 혼자 꽃 피워내어 누구한테 뽐내는 거냐
만고 홀로 자유롭다고

잠시 잠깐 비 개인
비 맞은 수국이 더 이쁘다
─「비 맞은 수국」 전문

  이 시를 한 참 읽다가 주변을 살펴보는 여유를 지니면서 시인의 정서 그 중심을 관통하는 시 맥을 생각했다. 이 시집이 지닌 의미가 쑥섬 이야기에 초점을 맞췄다면, 그 쑥섬 이야기를 시의 뒤란으로 이끌고 나와 시의 꽃을 만개할 수 있도록 물을 주고 거름을 주고 바람막이를 세워 주고, 지지대를 세워 주는 시인의 시적 정서의 거시적, 미시적 현상 모두를 발견할 수 있어서 좋다.
  한참을 머물다 다시 시를 읽어 보았다. 「비 맞은 수국」에서는 아버지와 어머니, 그리고 한 그루의 수국이 잘 빚어진 고향의 정서, 요란스럽지도 않으면서도 가장 사실적인 그리고 가족의 온기를 느낄 수 있게 한 입체적 마인드로 노래하고 있다는 의미에서, 이 시집 속 모든 시를 대표하는 백미로 읽혀진다. 가족은 멀고 가까운 곳으로 떠났지만. 다시는 만날 수 없는 기약 없는 영영 이별일지라도 수국은 아무 불평 없이 그 자리에서 웃자라 넉넉하고도 여유로운 마음과 자태로 객을 반갑게 맞이하는 그곳이 바로 고향인 셈이다.

유한한 사람만이 곁을 떠날 뿐, 고향은 우리네 것이 아닌 어쩌면 수국과 같은 자연 저들의 영역이리라. 그러니까 인간은 천상병 시인의 시 「고백」처럼 잠시 소풍 다녀왔다가 해 저물면 돌아가야 하는 나그네일 뿐임을 시인의 시에서 느껴 본다.

3. 숙고적 사유를 낳게 한 쑥섬을 떠나며

명재신 시인이 안내하는 대로 전남 고흥군에 위치한 '쑥섬'을 참 잘 다녀왔다. 시집이라는 범선을 타고 공감각적 지대를 경유하여 마치 직접 찾아가듯 시의 여행을 다녀왔다. '쑥섬'의 시들은 언젠가 한 번은 여장을 챙기고 눈을 크게 뜨고 다녀와 야겠다는 강한 희망을 품게 해 준다.

하이데거에 의하면, 오늘날은 생활세계의 전반에 침투되어 있는 '계산적 사유'의 지배 현상이 당연시된다고 한다. 이로써 '사유' 일반은 한갓 정보와 데이터로 대체되었다. 첨단 산업사회의 체제와 제도권 하에서 계산적 사유가 유일한 사유로 인정되면서, '다른 사유'의 기능이 배제되고 있는 것이다. 이러한 획일적이고도 전체주의적인 지적 상황 속에서 다른 사유의 기능성을 존재 사유의 핵심인 '숙고적 사유'에서 찾아 보아야 할 필요충분조건을 이 시대는 요구하고 있다.

그래서 우리는 계산적 사유의 풍요와 숙고적 사유의 빈곤의 가속화를 넘어 서서 양자의 공생의 길을 찾아야만 한다. 그 유일한 방법론이 시가 되었으면 더욱 좋겠다. 그 필요성을 명재신 시인의 특유의 시 정신-그 중심과 문학적 숲에서-에서 만나 순수의 잔을 기울일 수 있는 시간들을 기대한다. 그 만남을 통해 진정성 가득한 삶을 충분히 누리는 희망을 품을 수 있다면 그보다 더 큰 행복이 어디 있겠는가.

이성복 시인은 자신의 시론집 『불화하는 말들』에서 다음과 같은 시 방법론을 제기했다.

"시를 쓸 때는 멀리 가되 반드시 돌아와야 하고, 자기 땅을 확보해야 하고, 멀면서도 가까워야 하고, 보일 듯이 보일 듯이, 보이지 않아야 해요. 그래서 부정확한 게 가장 정확한 게 돼요."

"동그라미 그릴 때, 손가락으로만 돌리면 얼마나 작아요. 그러나 손목과 팔꿈치와 어깨까지 동원하면 점점 큰 원이 그려지지요. 시는 더 큰 의식을 사용해야 하는 거예요."

이성복 시인이 하는 이 말의 의미가 충분히 가슴에 와 닿는다.

명재신 시인은, 몸은 비록 아라비아 모래 바람 거칠게 일어나는 사막 중심에 가 있지만 마음만은 서울 광화문과 전남 고흥군 쑥섬을 수없이 왕래하며 시적 시야를 넓혀가면서 시인 특유의 그리움을 견고하게 하는 훈련을 스스로 해 오고 있다. 그

결실이 바로 이 네 번째 시집 『쑥섬 이야기』에 녹아 있는 것이다.

 어쩌면 일반사람들이 오랜 시간 체류할 수 없는 멀고 먼 아라비아의 중심에 머물면서 이국적 취향과 고국의 내적 성향을 공통분모로 하는 시인에게는 이성복 시인의 시적 당부가 귀에 익으리라 믿는다. 이성복 시인은 또 다른 시론집 『무한화서』에서도 심오한 가르침을 주고 있다. "멋 있는 것, 지적인 것, 심오한 것 찾지 마세요. 피상적이고 무의미한 것에서 그 반대 방향으로 나아가는 게 시예요. 사소한 일상 보다 더 잔인한 건 없어요." 이미 명재신 시인의 이 네 번째 시집은 이 요건을 모두, 그리고 충분히 충족하고 있다고 보여진다.

 명재신 시인은 참으로 고향 쑥섬을 사랑하는 시인이다. 피상적으로 일 년에 서너 번 잠시 다녀가는 고향이 아닌, 항상 마음의 끈이 고향에 닿아 있는 시인이다. 더군다나 고향의 자연현상(「동백꽃길」「동박새」「섬 전설」「돌담」「돈 섬」 등)과 풍습(「만선 풍어제」「당굿」「샘 굿」「도깨비 불」「삼경제」 등)과 놀이(「화전놀이」「뱃띄우기 놀이」「쥐불놀이」「강강수월래」「산포놀이」 등) 그리고 섭생하는 식물(「쑥섬 쑥」「육박나무」「후박나무」「동각샘 은행나무」「잣밤나무」「접시꽃」「목단」「시누대 꽃」 등)에 이르기까지, 구체적으로 사랑하는 시인이다.

 최근 고흥에서 '쑥섬' 고유 명칭을 살려 쓰자는 운동이 봄을 일으키고 있다는 소문을 들었다. 이런 논의에 명재신 시인의 시집 『쑥섬 이야기』가 그 중심을 견고하게 세워가는 기둥이 되고 신호가 되리라고 기대한다. 동시에 고향을 떠나 디아스포라 신세가 된 실향민들이 다시 돌아와 그 아름다운 섬의 주춧돌 역할을 하기를 바라마지 않는다. 사막 모래바람 이는 먼 아라비아에서 고국을 힘겹게 오가면서 명재신 시인이 길어 올린 네 번째 시집의 출산에 응원의 박수를 보내는 이유이다. 휠덜린의 당부처럼 외롭고 고독한 독행자의 길에 건강 잘 지켜 좋은 작품 목숨 걸 듯 창작 해 주시기를 부탁하면서….*

see in 시인특선 061

명재신 제4시집

쑥섬 이야기
그 섬에 가면 꽃이 있네

제1쇄 인쇄 2021. 11. 5
제1쇄 발행 2021. 11. 10

지은이 명재신
펴낸이 서정환
엮은이 민윤기
펴낸곳 문화발전소
서울시 종로구 삼일대로 32길 36 운현신화타워 305호
월간시 편집국 : 서울시 종로구 종로 1가 르메이에르 종로타운 1031호
Tel 02-742-5217 seepoet@naver.com

ISBN 979-11-87324-85-0 04810
ISBN 979-11-953101-1-1 (세트)

값 12,000원

ⓒ 2021 명재신
PRINTED IN KOREA

*저자와의 협약에 따라 인지는 생략합니다.
*파본 및 제본이 잘못된 책은 구입서점에서 교환하여 드립니다.
*이 책은 저작권법에 의하여 보호받는 저작물이므로
 이 책의 전부 또는 일부를 재사용하려면
 반드시 문화발전소와 저자의 허락을 받아야 합니다.